创新不是拉开"**差距**"
而是孕育"**差距**"

创新不是纸上谈兵，落脚点要回到**现场**、**现物**、现实上

每个人都可以对创新做出**贡献**

创新需要绝不放弃的**强大内心**

创新并不是尽快找到唯一的**正确答案**

规则最少化是创新组织**铁的法则**

创新可实现的价值的**重要性**，一般在初期阶段多不被理解

在**理想与现实**之间寻找创新

把本田模式变成**世界标准**

ホンダイノベーションの神髄

本田创新的精髓

［日］小林三郎 ◎ 著　（本田原经营企划部部长）
张　宁 ◎ 译

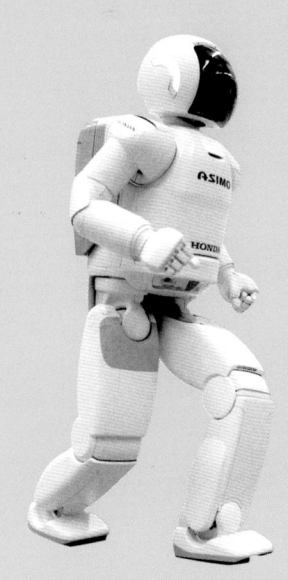

中国经济出版社
CHINA ECONOMIC PUBLISHING HOUSE

图书在版编目(CIP)数据

本田创新的精髓／(日)小林三郎著．张宁译．
北京：中国经济出版社，2014.8
ISBN 978－7－5136－3371－0

Ⅰ．①本… Ⅱ．①小… ②张… Ⅲ．①汽车企业—工业
企业管理—经验—日本 Ⅳ．①F431.364

中国版本图书馆CIP数据核字(2014)第171591号

HONDA INNOVATION NO SHINZUI DOKUSOTEKI NA SEIHIN WA KO
TSUKURU by Saburo Kobayashi.
Copyright © 2012 by Saburo Kobayashi. All rights reserved.
Originally published in Japan by Nikkei Business Publications, Inc.
Simplified Chinese translation rights arranged with Nikkei Business Publications, Inc.
through CREEK & RIVER Co., Ltd.

责任编辑	崔姜薇　张　博
责任审读	贺　静
责任印制	马小宾
封面设计	金刚创意

出版发行	中国经济出版社
印　刷　者	三河市佳星印装有限公司
经　销　者	各地新华书店
开　　　本	710mm×1000mm　1/16
印　　　张	12.75
字　　　数	180千字
版　　　次	2014年8月第1版
印　　　次	2014年8月第1次
定　　　价	39.80元

广告经营许可证　京西工商广字第8179号

中国经济出版社　网址 www.economyph.com　社址 北京市西城区百万庄北街3号 邮编100037
本版图书如存在印装质量问题，请与本社发行中心联系调换（联系电话：010－68330607）

版权所有　盗版必究（举报电话：010－68355416　010－68319282）
国家版权局反盗版举报中心（举报电话：12390）　　服务热线：010－88386794

序言 はじめに

想要成功地实现创新应该做什么呢？本书的目的就是要把这个问题解释清楚。本田有"把创新导向成功"的企业文化和行事准则，例如"吵嚷大会""三现主义""哲学"等。不过，只是单纯地解释这些内容，并不能把"想要成功地实现创新应该做什么"说明白。所以在这本书中，笔者不仅介绍了本田创新的企业文化和行事准则，还彻底弄清楚了它们在实际的研发项目中发挥的作用和达到的效果。

笔者从本田退休之前担任的是经营企划部部长，但以前也是一名技术人员。笔者曾经顶着周围反对的压力坚持进行研发工作，花了16年终于研制出日本第一个安全气囊，并成功地将其推向市场。在这个过程中，充分体会了本田的企业文化和行事准则对创新的加速作用。笔者力图通过这本书向读者详细介绍整个过程。另外，本书还重点强调了本田的创新企业文化和行事准则的特征，即他们坚信就算不是天才也能实现创新。创新绝对不是只有天才才能做到的。

想要成功创新应该做什么呢？这个问题是没有标准答案的。创新所包含的内容也非常深远。但正因为深远，我们在探究"想要成功创新应该做什么"的时候，面临创新的本质是什么，为什么最近日本企业没什么创新成果、有人阻止了创新活动，怎样才能恢复创新的活力等现代创新的紧要问题，通过思考也得到一些解决问题的线索。具体内容大家可以阅读本书，在这里笔者首先介绍一下日本企业的创新环境。

大多数的成功企业在创业期都很有创新的活力，因为不创新就只能模仿其他企业，而无法保持长期增长，很有可能会马上破产。但是不知为何，随着企业规模的不断扩大，企业的创新活力也慢慢地变差。这究竟是为什么呢？

1990年，日本经济泡沫破裂后，很多日本企业都把着眼点放在提高效率和降低成本上。所以现在得以幸存的日本企业的管理层都是通过提高效率、降低成本来取得业绩的，换句话说，他们这20年当中基本上没有进行什么创新活动。除了很少的创新型企业之外，日本的企业最近都没有什么创新成果。终于，管理层也意识到了这个问题，他们开始推动、激励员工创新，有的公司甚至专门成立了创新部。不过笔者曾经问过企业中的年轻人，他们都说："上司虽然下了命令让大家创新，可这太突然了，大家都不知道做什么好。下命令的人太异想天开了。"为什么会发生这样的事情呢？

笔者将一边探讨这种事情发生的理由，一边举例说明创新的两个特征。

第一个特征和"人与组织"相关。笔者所属的本田公司是从很小的创业型公司发展起来的，这种通过很多成功的创新发展而来的公司在创业初期有以下三个共同的特征：

(1) 独特的领导（例如本田宗一郎和史蒂夫·乔布斯）。

(2) 很一般的员工（这些人在社会上的评价通常是B级或C级，A级的人是不会来这种小企业的）。

(3) 没有年龄大的员工。

但现在日本大企业的现状是：

(4) 一般的领导。

(5) 来自知名大学的优秀员工（成绩优良、记忆力和理论性的判断能力很强）。

(6) 年龄很大的员工非常非常多。

结果会发生什么事情呢？历史已经证明了，要创造世界上还没有的新产品，要承担高风险，才能有高回报。可是一般的领导和年龄大的员工对风险非常恐惧，他们基本不会挑战创新了。很擅长理论性思考的员工对于超越理论的创新也不甚了解。而一般的领导和优秀的员工都非常喜欢做管理，但越是受到管理的束缚，离创新就越远。他们和不怕风险或者说是心态积极由独特的领导、很一般的员工、年轻员工构成的组合是非常不一样的。

并不是说有了独特的领导、很一般的员工、年轻的员工就具备了所有创新的条件，也不能说有了他们，公司就一定会成为一个具有创新性的公司，但他们作为非常重要的必要条件，强调一下也不足为过。

第二个特征和"反对势力"相关。这个特征和第一个特征的联系密切，因为公司内部一般都会非常反对创新。这种事实不胜枚举。例如索尼（Sony）的随身听（Walkman）是改变了世界的巨大革新，发售后非常受市场欢迎，可事实上在开发随身听的时候，索尼内部也是反对派占多数。

第一代随身听是在1979年开始发售的。这个想法最早是索尼当时的名誉董事长井深大提出的，他希望制造一种能够让用户在飞机上也能享受良好音质的录音机。于是技术人员就开发了一种去掉了录音功能、只有播放功能的超小型录音机。很多主管和技术专家都以没有录音功能为由强烈反对这个提案。不过这个商品在尝试着推向市场之后，引发了全球轰动，索尼也因此迅速成长。

同样，安全气囊的开发项目，在本田公司里的反对派也是占多数。笔者1971年加入本田技术研究所后不久，就开始研究开发安全气囊。除了研究所的负责人久米是志（之后成为本田第三代社长）之外，大多数技术人员都非常反对这个项目，可以说基本上没有人支持我。只有大领导支持、其他人都反对的研发项目对我来说有着难以言表的困难和压力，可以说是一路荆棘。

想要挑战创新，肯定会有各种各样的反对势力出现。但是绝对不能被他们打败。曾经遭到极力反对的安全气囊在1987年推向了市场，其卓越的安全性受到了好评，得到了很多顾客的肯定，在极短的时间里就变成了汽车必备的安全系统。安全气囊推出之前，日本每年有10000人因为交通事故而丧生，现在已不到5000人。安全气囊在全世界降低交通事故的死伤人数方面发挥了巨大的作用。

为什么技术专家不了解创新性的产品呢?"老爷子"(本田创业者本田宗一郎)说过:"当下发生的事情,只有年轻人才了解。年纪大的人有很丰富的、过去式的知识和经验,所以很难从正面接受当下发生的事情。"对过去的知识和经验都是过去时的,不是将来时的。

除了"人和组织""反对势力",在思考创新的本质时,可以把工作分成两类,即执行(Operation)和创新(Innovation)(具体内容可以参考第 2 章)。简单定义的话,执行是投入的时间和产出成正比的工作,也就是说花两小时就有两小时的产出,花三小时就有三小时的产出。与此不同的是,创新工作投入的时间和产出并不成正比,花了很多时间之后忽然有一天才有产出。所以实行成果主义,尤其追求短期效果的话,创新只会止步不前。创新停止,没有新产品,企业就开始衰退了。这是很多日本企业正面临的状况。

简单地说,这两者的特征是:执行的工作一般都有正确答案,也就是按现成的理论就可以找出正确答案,所以像 MBA 的相关管理理论和工科知识这些理论性的方法都能发挥作用。相反,创新的工作没有正确答案,而且真理一般都隐藏在大家反对的事情里。年纪大的人有很丰富的、过去时的知识和经验,适合做执行的工作,而创新相关的工作就不太适合了。

由此可见,创新是有一定的规律的。四十多岁有判断能力的人,头脑却变得越来越顽固,自己根本不想搞什么创新,他们觉得创新的工作交给有创新能力的年轻人去做就行了。可是年轻人的知识和经验都比较少,他们的提案大多数都不能用。充分认识到技术的价值、预测技术实现的可能性,是过了四十岁的专业人士的重要工作。鉴于其重要性,把这些工作叫作"创新管理"也不为过。那么,怎么才能充分认识技术的价值、预测技术实现的可能性呢?要通过问一些很本质的问题来考察年轻人提案的"骨架"和"提案人的眼睛"。绝对不可以仅凭内容来判断,而且过了四十岁的人也不明白具体内容是什么。"骨架"就是本质和创意,再仔细观察"提案人的眼睛",就可以知道提案的可信度、热情、迫切程度(具体内容请参考第 15 章)。过了四十岁的人还挖掘不到本质和创意的话,是做不了管理工作的。

我是安全气囊技术的重要项目经理（Large Project Leader，LPL）。在和雅阁、思域的LPL交流时，几乎所有人都认为：只要有好的创意，一定可以创造出好的商品和技术。创意是非常关键、非常重要的。我对创意的定义是：基于顾客的价值观、从独特的角度捕捉到的事物的本质。这也是我在探索未知领域时的火炬和路标。在未知的领域，通过创意可以凸显颜色的浓淡（成功可能性的大小），进而决定重点。如果毫无目的、随意地干，无法进行有的放矢的研发，也基本上没有成功的可能性。

"老爷子"[①]说过："没有哲学内涵的技术是凶器，没有技术支撑的理念是没有价值的。"他不管什么事情都要从根本上贯彻本田自己的哲学。笔者在年轻的时候被久米社长问过很多本质性的哲学问题，比如"你为什么要制造安全气囊？""你想要怎样实现你的开发目标？"等。工程师一般都很喜欢技术，技术方面的问题他们都能很好地回答，不过对于不问技术问题、只问技术背后的思考方法的人，他们都觉得非常难应对。哲学的基础是：人为什么活着，活着的目标是什么，本田（或者说企业）存在的价值是什么，这些本质的问题对创新来说是很重要的。如果这些核心问题没有弄清楚，重心来回摇摆，创意就只能漂浮在表面，研发的路上也就没有有效的、指引性的路标了。

创新要成功，前面所说的"哲学根基""本质""创意"都是不可或缺的。尤其对于不是天才的普通人来说，这些要点都是在走向创新成功的路上不可缺少的路标。说到这里有些抽象、理论化了，笔者将在接下来的24章里介绍自己的实践，来说明这些路标具体是怎样发挥作用的。书中介绍本田技研工业[②]时代的事情时提到公司都用了现在的名字"本田"，本田技术研究所是作为本田的研发子公司出现的。

---

① "老爷子"，本田公司的工作人员对"本田宗一郎"的昵称。
② 本田创立之初，公司的名字是本田技研工业株式会社。

目录

第1章 绝对价值
一起来挑战没有人涉足过的技术 ············ 002
创新的世界是一个严峻并充满乐趣的世界 ············ 002
实现"绝对价值" ············ 003
为什么要看其他公司的脸色 ············ 006

第2章 创新包围网
为什么创新的点子有时会遭到上司和周围人的反对 ············ 010
创新的危机 ············ 010
执行和创新恰似水和油 ············ 011
扼杀创新，企业马上就会开始衰退 ············ 013
○混蛋的一群人——技术主管董事 ············ 015

第3章 本质的目标
准确的目标可以引导创新 ············ 018
细化目标 ············ 018
抓住创新的本质 ············ 019
用A00应对生产中的需求变动 ············ 022
A00与创意的紧密关系 ············ 023

第4章 哲学和独创性的辩证关系
本田宗一郎的DNA仍然存在 ············ 026

没有哲学的技术是凶器 026
埼玉制造厂的水 026
"三个喜悦"和"互相尊重" 027
没有行动的理念是毫无价值的 030
高远的志向和强烈的意志 031
◎混蛋的一群人——"唯利是图的人" 032

第 5 章　吵嚷大会（一）：高贵的本性

聊上三天三夜一定会发生什么 034
在"吵嚷大会"上掌握思考的方法 034
火药更安全 035
三天三夜后的发现 037

第 6 章　吵嚷大会（二）：心的坐标轴

关于爱，你知道什么 040
爱是什么 040
经常思考什么是价值 043
到有话题的地方去 044
◎混蛋的一群人——没有决断力的董事 046

第 7 章　三现主义

首先要学习现场、现物、现实 048
"三现主义"——"老爷子"的口头禅 048
本质在现实与理想之间 050
如何保证汽车以 80 公里时速冲撞仍然安全 051
◎在理想与现实之间寻找创新 052

第 8 章　现实是什么

不要让安全气囊杀害孩子 056

安全气囊应该放置在哪里 ············ 056

安全气囊会直接击中孩子 ············ 058

创新所面临的现实 ············ 060

◎把本田模式变成世界标准 ············ 062

第 9 章　异质性和多样性

你怎么想，又想做什么 ············ 064

魔界之境——技术研究所 ············ 064

哪里的湖有鱼 ············ 065

哲学支持异质和多样 ············ 066

把自己作为当事人来思考 ············ 067

第 10 章　学历无用

解决没有答案的问题 ············ 070

进入社会后才懂得的事情 ············ 070

甜甜圈两人分 ············ 071

用 5 秒钟解决的技术问题 ············ 072

明治时代的尾巴 ············ 074

◎混蛋的一群人——工商管理理论的信徒 ············ 076

第 11 章　规则和本田的惯例

减少规则以建立自律的组织 ············ 078

规则最少化 ············ 078

中途的失败是必然的 ············ 079

本田的惯例 ············ 080

◎混蛋的一群人——死搬教条的人 ············ 082

第 12 章　创意和本质（一）：第五代"思域"

用桑巴舞造汽车 ············ 084

到巴西去看桑巴舞 084
创意孕育技术 085
思考创意的窍门 086

第 13 章　创意和本质（二）：阿波罗计划

"完全不知道你在说什么" 090
安全气囊最大的问题是什么 090
减少损害也是价值 090
向把人类送上月球的"阿波罗计划"学习经验 092
把修理费用从 10 亿日元降到 80 万日元 094
◎混蛋的一群人——抱着急功近利的思想是无法创新的 097

第 14 章　创意和本质（三）：语言的力量

进行技术开发前应该做的事 100
用明快的语言来表达 100
力求表意完整 101
用自己的语言探究创意的本质 102
◎混蛋的一群人——"锻炼吧！肌肉体质" 104

第 15 章　主管和上司的眼力

第三代社长久米的魔力 40 分钟 106
想法会通过眼睛表达出来 106
被问"然后呢"是最惨的 107
改变观点从侧面、从上面都可以 109

第 16 章　自律、平等、信赖

如果我说让你去死 114
最开始就要下定决心 115
发挥从"老爷子"那儿继承来的"DNA" 116

○混蛋的一群人——暗中拖后腿的人 ············ 118

第 17 章　年轻人的潜力

上到二层，拿走梯子 ············ 120

绝对不放弃 ············ 120

只要你有 40% 的能力就让你做 ············ 121

幸运的技术人员 ············ 122

"你价值 500 亿" ············ 123

第 18 章　说服

那就只能辞掉本田的工作了 ············ 126

不再需要安全气囊了 ············ 126

拿出你自己的武器 ············ 128

最后的机会 ············ 129

事先斡旋只会起到反作用 ············ 130

○混蛋的一群人——绝对不能轻视正确的言论 ············ 132

第 19 章　鼓起干劲儿

不需要给你们发奖金 ············ 134

"放弃开发工作吧" ············ 134

用尽了办法，可安全气囊还是不打开 ············ 135

在吵嚷大会上劝导 ············ 136

可靠性和成本论不能放在同一个层面来考虑 ············ 137

鼓舞团队 ············ 138

○混蛋的一群人——没有完美的技术和产品，它们肯定存在问题 ············ 139

第 20 章　价值的可视化

画示意图来探讨新的价值 ············ 142

体现多样的、多层次的价值 142
意识到负面价值 144
顾客变化，价值观也会随着变化 145

第 21 章　开发到大量生产的障碍（一）：合作

"我像讨厌毒蛇一样讨厌安全气囊" 150
董事会全体反对 150
规模化生产只是拉开了波折的序幕 151
能想到的故障就一定会发生 152
开发部门的理论和工厂的理论 155
◯混蛋的一群人——不能把技术当游戏 157

第 22 章　开发到大量生产的障碍（二）：供应商

自己不动什么都不会开始 160
高风险换回的收益 160
"那么危险的桥我们过不去" 161
盖板也给你们做 162
突然收到高田社长的电话 164
安全气囊成了高田公司的主力业务 164

第 23 章　哲学和思想

调动他人的巨大力量 168
"马上停下来！" 168
猫不理的第六研究所 169
研发安全气囊和开发新车不同 170
深思更要熟虑 171
哲学的力量 172

第24章　挑战创新

就算不是天才也能实现创新 ············ 176
你已经不再挑战新技术了吗 ············ 177
不要强硬推行经营的价值观 ············ 178
先创意，后技术 ············ 179
培养理论性的思维有助于创新 ············ 180
更有趣、更独特 ············ 181
普通人也能胜天才 ············ 182

后记 ············ 187
翻译后记 ············ 189

第1章 绝对价值

> 创新虽然不能提高效率,但是可以提高成功的概率。
>
> 创新的目的是实现顾客的绝对价值。
>
> 绝对价值不是拉开"差距",而是孕育"差异"。

一起来挑战没有人涉足过的技术

开发前所未有的技术——挑战创新，会令人兴奋不已。不过从笔者自己的经验来看，创新并不是那么简单的事儿。笔者从本田公司退休时担任的是经营企划部部长，但我原本也是个技术人员。我曾经花了16年的时间研究并开发了日本的第一个安全气囊，并成功地将其投入生产、推向市场销售，之后又成功地推出了副驾位置的安全气囊。

创新的世界是一个严峻并充满乐趣的世界

前所未有的技术当然没有可参考的样本。对未知的领域，谁也不知道什么是正确答案。在难以取得成果的时候，周围就会有人说："没什么成功的希望了""你要考虑成本"。如果你是负责人，当手下负责的研发项目失败时，你也会感到自己责任重大吧。面对这样的现实继续坚持研发工作，必须用意念不断推动自己才行。创新的世界是一个非常严峻的世界，我们必须不断地鞭策自己。

尽管如此，技术人员还是会对自己说："我想挑战创新。"这是技术人员难以抑制的本能。因为创新可以通过技术革新来创造新的价值，它是把人们的生活和社会变得更加美好的原动力。每一个技术人员都想通过自己的双手来实现创新。从这个意义上来说，创新又是充满乐趣的。

1987年12月10日，本田的某个经销店联系我说发生了一起交通事故，安全气囊第一次在日本发挥了它的作用，保护了驾驶员，事后我抽出时间去见了那位驾驶员，他是群马县当地某公司的社长，多次向我表示谢意，说："是安全气囊救了我的命，谢谢，太感谢了！"他和我握手的感觉，我现在都还记得。从那以后，有很长一段时间我经常收到顾客感谢安全气囊的信件。这件事是技术人员的天赋和职责得到充分发挥的一个例子。

笔者作为一名技术人员，把自己的绝大多数精力都贡献给了安全气囊的开发、生产和销售事业，之后笔者也亲身体验了本田的经营工作。在本田工作的这些年，笔者一直在认真地思考创新这件事。抛开理想主义的想法，笔者觉得本田有足以成功实现创新的企业文化和行事准则。

在这本书中，笔者会尽力详尽地介绍有助于成功创新的思考方式和行动方法。这绝对不是一本浅显的知识集。本来创新并不会促进效率的提高。在开拓未知领域的创新过程中必然需要反复实验，有时甚至都不知道应该做哪方面的实验。因为创新没有什么现成的理论可循。不过，创新虽然不能提高效率，但是可以提高成功的概率。

难得的是，本田被誉为在创新方面卓有成果的企业，不过也有很多人认为：从长期来看，创新是大企业应该做的事情。至少这个"大企业应该做的事情"就不能作为不参与创新的首要原因。[1] 20世纪70年代，当人们都觉得无法达到美国的汽车排放标准时，正是日本的小汽车厂商发明了"CVCC"[2]发动机，迅速翻开了事业的"新篇章"。

这种勇于挑战的精神现在依然存在，本田发起的创新项目有引人注目的大项目，例如人形机器人ASHIMO、喷气式飞机等。但更多的项目仍然保留着手工的创新传统，例如前后、左右、侧面都能自由转动的电动单轮车，使用丁烷气体罐提供动力的农耕机（图1-1）。这些都是技术人员自己思考、自主开发所取得的成果。

笔者作为一名技术人员，在跳出自己在本田的本职工作后，给在职研究生上课，或者在其他很多企业举办以创新为主题的演讲的过程中，才慢慢想清楚本田孕育创新之魂的企业文化和行事准则。通过和公司以外的人的不断讨论，才逐渐领悟了创新的本质。

实现"绝对价值"

例如，某个企业的领导在员工面前说："现在世界经济都不景气，所以企

---

[1] 相反，笔者觉得企业变得越大越容易失去创新的活力。
[2] "CVCC"发动机：本田自主开发的、附有副燃烧室的稀薄油气燃烧系统。是世界上第一种满足当时被认为不可能通过的美国汽车排放法规"马斯基法规"的发动机。

图1-1 开发有特色的产品和技术

电动单轮车"U3-X"(左),移动重心就可以自由地向前后、左右、侧面转动。该技术发布于2009年9月24日。2009年3月本田发布了使用丁烷气体罐提供动力的小型农耕机Pianta FV200(右)。价格为99800日元(不含税)。

业要想继续成长,首先要做的就是彻底地削减成本。同时还必须要实现技术革新,来创造新的价值。"领导说是说了,但员工只能接受到字面的意思。

创新的定义是:创造价值的技术革新。这个定义听起来好像有预知未来的感觉,说起来也很好听,但这个定义也很空洞。从创新到真正投入使用要花费很多的时间和资金。所以在经济不景气时期,经营者必须有非常强大的意志和思想准备,还要准备被人问责经营战略,即究竟应该把经营资源集中到哪个技术领域。

如果没有这些准备的话,进行了前半段的削减成本后,又遇上一个强硬的专务董事,那么成本控制就会更严,之后工作现场的气氛就会变得非常消沉,也就失去了挑战创新的活力。削减成本虽然是企业经营活动的一部分,但只靠削减成本发展的企业是没有未来的。

在这里我想强调一点,虽说创新是成长的基础,不过在挑战创新的时候,对创新只有很空泛的理解是远不够的。技术人员必须彻彻底底地思考创新的目的和意义,要像理解自己的灵魂一样,从心底理解创新的目的和意义。

本田公司对创新的目的和意义的理解是非常简单明了的。本田追求的创新就是实现"绝对价值"（也有人称之为本质价值）。这里所说的价值归根结底都是对顾客来说有意义的价值。因此，为了研究而研究，为了实现技术人员的自我满足而对顾客而言没有意义的技术开发，是让人不屑一顾的。

另外，所谓的绝对价值指的是孕育"差异"的价值。对于这一点，笔者认为需要进一步说明一下。在本田文化中是把"差距"与"差异"明确区分开来的。图1-2是本田大体的状况。假设A是当前的技术水平，一般情况下通过先行的技术改良、改善，可以把技术水平从A点提高到B点。这种情况下提高的技术水平叫作"差距"。这种提高是原有技术的延长，所以A至B是有连续性的。这种提高很容易被竞争对手察觉，也很容易被追上。

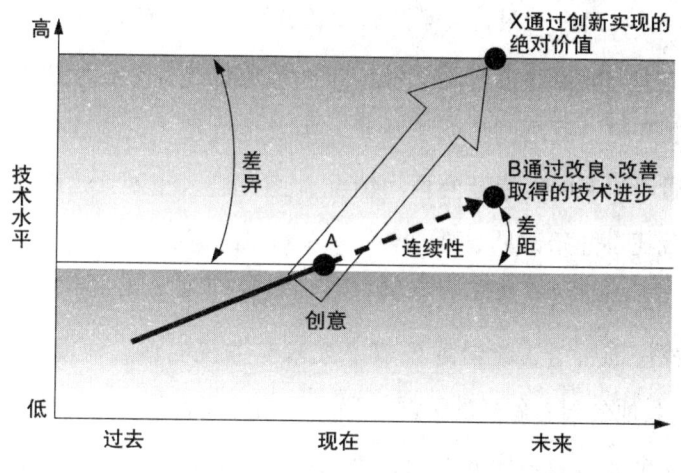

图1-2 通过创新实现绝对价值

相反，"差异"是现有技术在某一点发生了飞跃，一下子跳到了X点，实现了绝对价值。

A和X之间有技术性的断层。正是这个断层孕育了差异。例如搭载了安全气囊的汽车和没有搭载安全气囊的汽车很明显是不一样的。如果要达到同样的标准必须要进行新的技术开发，所以竞争对手不会轻易就能追上，因为这次实现绝对价值的飞跃是通过创新实现的。因此，最开始决定要实现怎样的绝对价值是尤为重要的。要作出这个决定就必须提高自己的感知度，不断地思考，还要做必要的准备工作。笔者将在第 2 章后面的内容中进行介绍。

为什么要看其他公司的脸色

本田很明确地表示自己是从根本上重视绝对价值的。笔者曾经历过这样的"事件"，这是在笔者进入本田第二年（1972 年）举行的技术报告会上发生的事情。那次，笔者和一位技术前辈一起负责向当时的专务董事——本田技术研究所的久米是志（后来成为本田第三代社长）报告未来本田的安全战略。报告会之前我们已经准备了 3 个月，而且进行了 15 次演习，终于该正式上场了。在本田有个规定，就是做报告都由最年轻的人负责，所以那次就是我负责报告。可是……报告会刚开始没几分钟，久米专务的脸色突然就变了。他生气了，不，他是非常愤怒。可是我不知道他为什么这样愤怒，因为报告还没怎么展开呢。我刚刚说明了背景，简要地介绍了一下丰田汽车、日产汽车、美国通用、美国福特等公司的情况，正要进入正题："因此本田的战略是……"我还没开始说最重要的部分——本田的情况呢。

久米专务的愤怒令我的双腿不自觉地颤抖起来。不过久米专务的训话一直没停，我仔细听着，慢慢地理解了久米专务说的话。他就是想说一件事："我不想听其他公司有怎样的情况，那只是相对而言的事情。你今天是来决定本田产品安全部门的发展方向的，怎么反而看其他公司的脸色办事呢。你为什么不能说说你自己为什么想那么做，为什么不能说说绝对价值呢？"这位专务对一个刚进公司两年的技术新人面露怒色又大发雷霆。训话持续了 30 分钟，专务根本没有听报告的具体内容，让我们回去准备下次再来。

不要相对价值，"追求绝对价值"，说起来简单，可如果不能从根本上理解贯彻，反映不到实际的行动中去，就是把这句话当作耳旁风了。

但是，事情到这儿并没有结束，等我垂头丧气回到所属的安全研究室的时候，正好碰到刚从外面回来的研究室经理。

经理问我："今天的报告会怎么样？"

我回答说:"报告!要再报告一次。"

经理继续问:"你们都讨论什么了?"

"我们没讨论。我刚开始说明背景,专务突然大发雷霆,接着给了我们30分钟的训话。"

听到这儿,经理的脸色变了,他说:"你过来一下。"

我就这样毫无准备地被叫到了另一间屋子。

经理说:"你究竟为!什!么!不跟他吵呢?你不是想了3个多月好不容易才有机会做报告的吗?怎么报告不成反倒垂头丧气地回来了呢?"

包含着我不能反驳本田技术研究所真正的大领导的意思,我最终回答经理:"发火的是——久米专务。"

经理说:"那又怎样?管他是久米专务还是谁,根本与这件事没关系。就算是专务,也不见得他什么都对,你也不是个毫无想法的人。你就应该与他辩论。你,到底是不是真心在做这件事儿啊?!"

就这样,我先是被久米专务训了30分钟,接着又被经理训了30分钟。

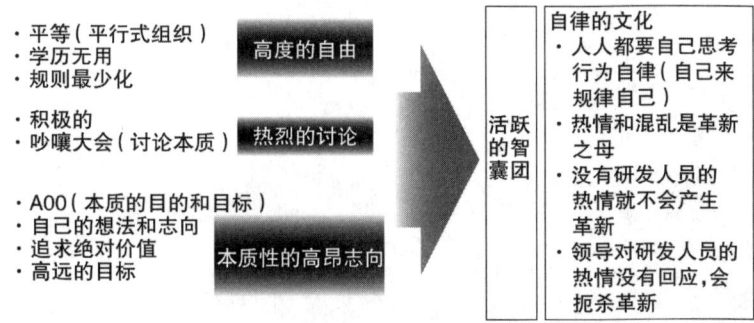

图1-3 本田的企业文化

图1-3是笔者总结的本田的企业文化。"高度的自由""热烈的讨论""本质性的高昂志向"这三点是企业文化的支柱。其中"志向"里面包括对绝对价值的追求。"和专务吵架"与"高度的自由""热烈的讨论"这两个支柱紧密相关。仅看图1-3列出的项目,读者可能会觉得没什么新意。其实本田企业文化的特征不仅是图中这些项目,而且需要在日常工作中对其深入思考,并踏踏实实地进行实践。

实际上，在本田，年轻员工和董事并无高低职位之分，人与人可以经常进行激烈讨论。笔者在本田工作的时候都把这种情形当成理所当然的事情，应该说憋着不作声的人才没出息。不过，通过与在职研究生的交流，笔者才知道，虽然很多企业都标榜自己公司的自由氛围，但真正像本田这样的企业是非常少见的。

在很多企业，隔一个等级的人之间是不可以讨论事情的，也就是说年轻员工可以与主任讨论事情，但是科长说的话就要完完全全地听，什么也不能说。如果是董事，那就要恭恭敬敬地唯命是从了，这样当然就不可能进行什么热烈地讨论了。

实际上那次安全报告会的逸事还不止于此。很久之后，笔者分别问了久米专务和前面提到的经理："我那次在安全报告会上被你们骂得可惨了，您还记得吗？"可他们两个人都完全不记得有这件事了。在本田，这种趣事稀松平常，根本算不上什么大事儿。正因为这是很普通的事情，才会被人遗忘。

这样的企业文化就是本田创新的土壤。

第2章 创新包围网

> 创新要使用和其他业务完全不同的方法。
> 创新产生于某一方面,却可以提高整体的价值。
> 管理层必须理解创新很容易失败这个道理。

为什么创新的点子有时会遭到上司和周围人的反对

假设你现在有一个非常妙的创新点子，一旦转化成商品就能实现闻所未闻、见所未见的功能，而且这个功能还是顾客内心真正想要的功能。当然，这不是你们部门的正式项目，所以只能用业余时间来调查f。从原理上来说，这个点子不是不能实现的。虽然技术开发的道路布满了泥泞，但并没有致命的死结。"技术上来说很不错"，嗯，你十分确信。

有一天，你终于鼓起勇气去找上司商量："我想和您探讨一下这项技术的可行性。"可是上司却一副迷惑的表情说："你现在应该有其他该做的事情吧！"而且看起来还很不高兴。上司的意思好像是：告诉你做什么就做什么好了。于是你很失望。

其实，并不是每个上司都这么不理解人。一定会有某些上司能够理解你的提案的价值和可行性，可以把探讨这个技术当成工作来看待。然后讨论进一步推进，你满怀信心地到董事会上提案。接下来……你会受到各方炮火的狂轰滥炸："开发要花多少时间、多少钱？你预计会有多少利润？你的根据是什么？""你太一厢情愿了吧，顾客真的需要这种功能吗？"最后你的想法就像泡泡一样消失了。

创新的危机

在采访了很多企业之后，笔者发现这种事例多得惊人。这些事例的共同特点就是，做评价的一方完全没有当事人的意识。在创新的初期阶段，对世界上根本没有的技术，哪有人能回答开发费用多少、利润额多少，甚至得出这些数字的根据啊！可是做评价的人自己站在事不关己的保护伞下，得意洋洋地质问对方，他们又不是外部的评论家。

这还不仅限于技术，凡是新事业、新服务，或者全新的设计理念的提案，与创新相关的提案都会就发生这样的悲剧。狂轰滥炸过后，提案人就再也提不起干劲儿了，可以说创新也就死亡了。

笔者在所执教的大学的主要研究课题是：组织中创新的理想模式，这也是笔者的专业领域。希望想挑战创新的各位能够把握好刚才提到的"创新之死"的情况。了解了这种情况，当你再与阻碍创新的人斗争时，就不会是一点准备都没有了。

这些拖创新后腿的人们一般都是怀有善意或者是以正确的态度对待创新的。因为这些人并无恶意，所以还有商量的余地。不过，也正因为他们觉得自己的意见是正确的，才坚决反对创新而不会妥协。

执行和创新恰似水和油

为了理解"创新之死"，我们可以把企业活动分成"执行"（Operation）和"创新"（Innovation）来考虑。笔者是为了明确创新的本质而提出这种区分方法的。这里所说的"执行"是指用理论追求正确答案的业务。它不仅包括像"计算员工薪酬"这种典型的固定业务，还包括每4~6年实施一次的全面改良①（包括相关的技术开发）和生产线的改善活动等，"执行"的业务大约占企业活动整体的95%。"执行"的本质特征是应该做的事情都非常明确，所有事情的着眼点都是提高效率。

然而"创新"就完全不同了。在第1章里曾经提到过，创新的目标是："带领技术从现有水平飞跃到一个前所未有的领域，实现绝对价值"。最终不是成功便是失败，它在根本上与改善和改良是不同的。

为了突出这两者的区别，笔者通过表2-1比较了典型的"执行"和"创新"。"执行"必须要有高达95%~98%的成功率。拿汽车的全面改良为例，这里所说的成功，就是在规定的期限内，既控制成本又成功的制造出高品质的规定型号汽车。失败是绝对不允许的。实施时间如果被拖得太长，管理就起不到很好的效果，所以期限短则1年，长也就几年。取得成功的方法论

---

① Full Model Change，为了配合汽车技能的提高，将汽车的外形等也进行改变的全面改良。——译者注

（或者说是武器）是理论和分析。

表 2-1 执行和创新的区别

	在业务中所占的比例	期限	成功率	方法
执行	95%	1~4 年	95%~98%	理论·分析
创新	2%~5%	10~16 年	10% 以下	热情·意志

相对而言，真正的"Innovation"，成功率还不到 10%。也就是说，大部分的创新都可能会失败。创新的实施时间一般都要延续 10 年以上。管理这么多实施时间长、成功率低的项目，基于理论分析的细致方法是无法完成的。所以，创新的项目都是基于"热情和意志"等人的感性来运转的。本田曾经有一段时期创新的成功率达到了 20%，是平常的 2 倍多，这些实现了的绝对价值正是本田成长的巨大原动力。

那么，请再重新思考一下上司和周围的人们为什么在正确的信念之下还要阻碍创新吧。其中最大的理由就是他们在用"执行"的价值观来评价创新活动。"执行"是要在 1 年或几年的有限时间内追求 100% 的成功率，他们从这个角度又怎么能理解"创新"这些需要花费 10 年甚至更长的时间，而且 9 成都会失败的项目呢？因为，在他们看来创新的项目到处都是缺陷。

而且，"执行"是基于理论和分析来推进的，目前的状况和成果、今后的开展和前景都是一目了然、井井有条的。所以他们会觉得靠热情和意志推动的创新过于随意。因此，他们直到最后也无法理解创新的本质。

还有一个原因，最终将创新推向了死亡。如表 2-1 所示，企业活动的 95% 都是"执行"业务，从另一个角度来说，这也意味着大多数董事都是凭借其在"执行"业务中取得的成果成为董事的。有"执行"的成功经验做对照，董事们看到的都是"创新"效率的低下。

另外，很多情况下，创新的现场负责人都是有独特想法的人。创新不是从正态分布的中央部分产生的，而是从边缘部分（图 2-1）产生的。创新做的就是在不太受人关注的区域发掘独特的价值。所以负责人也必然是很独特的人。用日语来说，就是创新的负责人多是奇怪的人。而 Operation 的思考出发点都是尽量去除边缘部分，把中央部分做大。这就是所谓"执行"和"创新"是水和油的关系。结果占大多数的执行派掌握着主导权，他们至死也要阻碍创新。

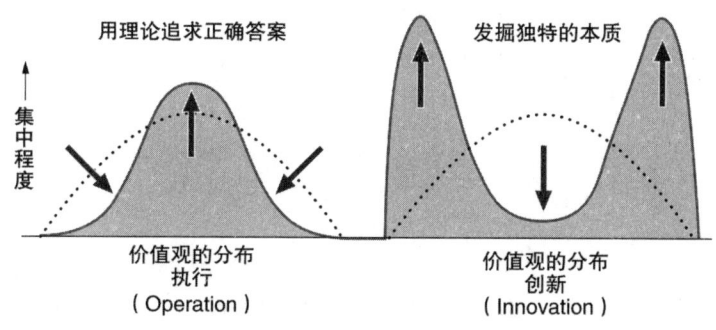

图2-1 创新是从边缘部分产生的

扼杀创新，企业马上就会开始衰退

笔者认为创新之死是企业衰退的一个很重要的原因（图2-2）。创业期的企业规模小，是因为有想做的事儿才创业的，它们本身就充满了挑战新事物的气概，也会积极主动去创新。而且做判断的就是创业者本人，做决定也很快。但是随着企业的成长，"执行"业务占据主流的一瞬间，企业就失去了对创新的热情。误认为自己了解一切、擅长做"执行"业务的管理层，基于自己的成功经验，不做深入地思考就扼杀了创新的苗子，还觉得自己做得很正确。在一段时间内，企业还有之前的积累，所以从外部来看经营进展得很顺利，可是不创造新的价值，路就越走越窄了。接下来在前面等着的就是大企业病的蔓延，蔓延就会进一步引起混乱，很多企业都是这样逐渐衰退的。

希望大家在挑战创新的时候，能够把握企业当前的状况。而且还要不断向别人非常明确地声明"执行"和"创新"的方法是完全不同的。再强调在第1章里说过的话，提高业务效率、削减成本固然重要，但只靠这两点企业是没有未来的。

日本的制造业也是通过创新才创造了新的价值，得到了世界各国人民的

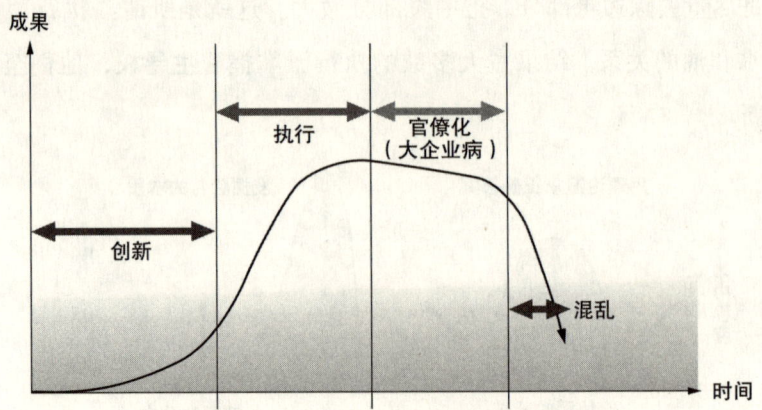

图 2-2　典型的企业盛衰过程

好评。为了能够战胜新兴国家等众多的竞争对手，当今是最需要创新、最需要创造价值的时代。

◎ 混蛋的一群人——技术主管董事

在这个章节暂且允许笔者使用"我"。为了让文章读起来更有品位一些，前面我一直用的是"笔者"，现在果然觉得还是"我"用起来更舒服。我在讲课或者讲演的时候，一般每5分钟就会大喊一声"混蛋"。因为我实在忍不住要对那些不理解创新本质还拖后腿的人发火。我要把他们一个一个放在这个环节里依次斩上一刀。

第一个要斩的就是技术主管董事等经验丰富的技术干部。他们都是技术方面的专家，都应该在技术开发方面取得过较大的成果。可真的是这样吗？说到这一点，还真的挺让人诧异。在了解了很多企业的情况之后，我才知道实际负责开发的都是他们的部下，而他们能成为上司大多是很偶然的。有的人确实在技术上取得过成果，但大都是以前的事情了，可他们还是很自负，觉得自己对技术很了解，总是对项目说三道四。结果就是他们总是找到一些无关紧要的毛病，并以此来反对项目。在本田也有类似的情况，在安全气囊推向实用的阶段，那些知名董事和技术干部基本上都持反对意见。

创新是使过去的技术得到飞跃地提高，所以之前的积累对创新起到的作用并不大。但越是有经验的人，反而越依赖于以往的积累，变得非常保守，所以他们是无法理解创新本质的。如果年轻的技术人员无法把握这些状况，一听"了不起的人物"都这么反对，就会断了研究的念头。本来这些技术主管董事碰到年轻人提出一些自己无法理解的提案时，正应该放手让年轻人去尝试，可现实却完全相反。最近舆论经常批评说现在的年轻人没有独创性。这些说法我真是听够了，一听就生气。所以，我想大声、再大声地说：你们这些技术主管董事，都是混蛋！

第 3 章 本质的目标

{ 进行技术开发之前要彻底考虑A00（本质的目标）。

A00必须包含"自我独创"和"自己公司的特色"。

依照A00，找到成功完成项目的各个独立的技术课题。

准确的目标可以引导创新

这本书的目标是什么？如果别人问你，你会怎么回答呢？

假设笔者是这样回答的："希望通过这本书，介绍自己亲身体验、实践过的创新方法和促成创新的本田的独特企业文化和'DNA'，并让读者真正理解这些内容。"那么这种回答是完全不行的。否定自己的答案是有点儿奇怪，可这个答案确实是糟糕答案的范例。如果你在本田说出这样的答案，对方肯定会说："你是不是傻啊"，之后再也不会理你了。

细化目标

上面的答案乍一看好像是个标准答案，不过正因为这个答案是理所当然的，才不合格。这与某个经营者说："现在世界经济的变化很难预料。我希望能够团结全公司的力量，把我们公司的事业做大做强"是一个效果。每个人都知道要这么做，而经营者应该说出把公司事业做大做强的具体策略。

这两件事的共同点是，说话人在说话的时候都不是发自内心的，只是泛泛而谈。比起泛泛而谈，具体的目标更有用，例如：希望读者在读过这本书之后想和我一起吃饭。这个答案能体现作者"小林"的性格，最重要的是会让人觉得"小林"这个人希望和读者建立人与人之间亲密地联系。

在创新过程中追求什么，确定这个目标是非常困难的。在第1章里我讲了一则逸事：在就"将来本田的安全设计战略"作报告的时候，刚开始介绍丰田汽车、日产汽车、美国通用、美国福特等公司的情况时，久米是志专务就对我大发雷霆说："为什么要看其他公司的脸色办事呢"，结果被训话了30分钟，报告也要重新再来。但这之后再次作报告时很顺利就通过了。

第二次报告的要点和第一次中途被打断没能完成的报告完全没有变化，就是"本田为了不让小型汽车处于不利的地位，应该开发安全气囊"。当时本田正准备推出第一代小型汽车"思域"（1972年发售）。笔者当时强调：日本当时的交通现状是大型车和小型车混合行驶，小型车的安全会受到不利地影响，因此，本田应该开发相应的安全技术来改变这种现状。这种想法在现在看来是理所当然的，不过当时的常识是大型车更安全。在那次报告会上，安全气囊成为主要生产小型汽车的本田必须开发的安全技术，也是本田在安全设计方面的基本战略、技术开发的基本目标。

这样的战略和目标现在看来都是常识，可能读者觉得没有什么明显的独创性。可是在当时，小型车可以吸收冲击力的物理空间很少，开发一项技术来弥补小型车在应对撞击时安全性能上的劣势，在当时来说是很有挑战性的目标，也符合主打小型车的本田的目标。

抓住创新的本质

在本田，思考目标的时候必须要落实到"A00"。A00就是本质的目标，也可以说是"理想蓝图"或"梦想"。

A00源自美国的任务指令书，在指令书的开头用三行左右的文字记录任务的要点，这三行就是A00，之后内容都以A0（A01～A09）或A（A1～A99）开头，详细记录了实行任务的条件和任务的具体内容。用这种方法，即使不看详细内容，只看A00就能把握任务的本质（图3-1）。在本田，思考本质目标时采用了这个方法，即每个目标都必须确定A00。

本书为了突出创新的本质，采用的事例基本上都是纯粹的创新事例。在第2章里我解释过，企业活动可分为"创新"和"执行"两类，在企业所有活动中，纯粹的创新活动所占的比例只有2%～5%。例如，汽车的全面改良活动需要各种各样的技术开发，但大多数技术开发都是已有技术的改良和改善，也被笔者归类到"执行"业务当中了。使用这种分类方法，剩下的纯粹的创新活动就只占到很小的比例了。但是，掌握创新的本质对制定技术开发的战略和攻略都有参考价值。

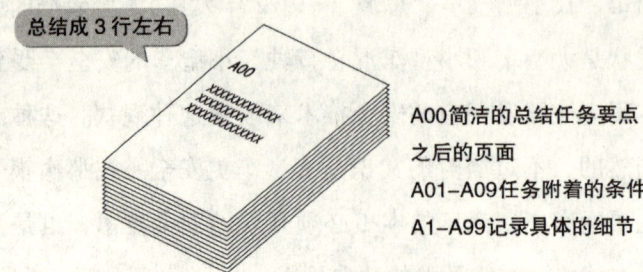

图3-1　A00和任务指令书

本田的A00参考了美国的任务指令书。

不过这里所说的A00不仅仅可以用于创新领域。在本田，创新领域的技术开发被称为R（Research，研究），而开发新车等活动被称为D（Development，开发），这两种技术开发是被区分开来的。新的生产技术的开发大多也被分到D类。对于这些活动的A00，即本质目标的设定，就没有必要分成"创新"和"执行"了。商品从开发到生产、再到购买和销售等，基本所有的业务都在A00的适用范围之内，可以按照各种业务的项目而设定对应的A00。

设定A00最重要的就是如何从内心真正理解什么是本质，再怎样用灵魂的语言来描述，要对自己追问到底。其实把A00当成一般理论来理解反而更简单一些。例如，如果把开发新型发动机的A00设定为"小型、轻，除此之外最好低耗能、高动力"，确实无可厚非，不过这与最开始介绍过的本书的目的是"把自己经历和实践过的……"一样，这些都是本来就应该达到的目标。这么制定目标就与官员的国会答辩一样，说与不说没什么区别。

而真正的A00必须要考虑搭载了新型发动机的汽车能够提供怎样的价值。在深思熟虑后再决定这些价值的先后顺序，决定应该重视哪方面。最终，或许可以设定这样的A00：启动很安静、平稳，完全感觉不到换挡冲击的发动机。

不过还不能把A00进一步具体到"阀门的开闭很安静的发动机"，因为这只是实现A00的一个手段而已。已经很简练的A00如果再进一步细化，反而会变成实现目标的手段，这种情况一般会发生在就要得出真正的 A00 的时候。只要把必要的手段（技术开发）简洁地总结一下就可以得到真正的 A00 了（图 3-2）。

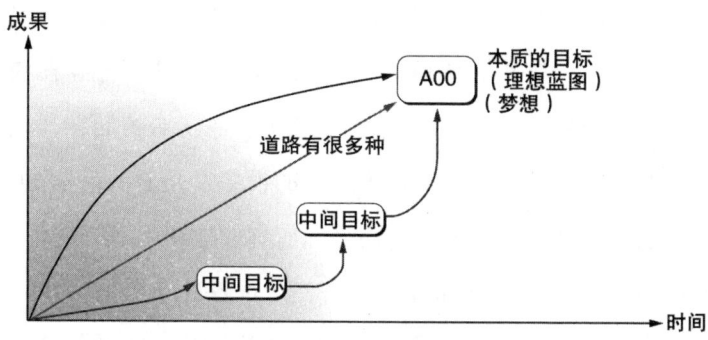

图 3-2　A00 达成的过程

A00 虽然只有 3 行左右的简洁记述，但其中结合了各种不同的技术。我们需要在创新过程中同时、并行地解决这些需要开发的技术。单纯的技术开发的道路有很多条，整个过程中想顺顺利利地实现 A00 基本是不可能的，初期可能很难有成果，所以大多都要设定中间目标。有时初期虽然取得了很大的成果，到最终要完成的时候反而花了很长时间。在不同的时点判断应该优先做哪件事是项目主管的重要工作。

不同商品开发和技术开发项目设定的不同 A00，不仅内容不同，阶段也不同。对应每个商品或技术，A00 都必须要考虑："顾客的需求是什么""本田要如何应对顾客的这种需求""负责开发的你想怎么做"（图 3-3）。这时可能有人会问："只凭思考，技术开发能成功吗？"（笔者最开始也是这样想的），不过想清楚要做什么是非常重要的。如果在这个阶段按错了按钮，之后的研究开发就可能都变成泡影了。

*是否陷入了普遍的说法
*是不是变成手段了
*能不能实现绝对价值
*可以简单一句话说明吗
*可以突出创意吗
*有没有"自己的特点"或"自己公司的特点"
*是不是有挑战性的、高远的目标

图 3-3　考虑 A00 时需要考察的项目

用 A00 应对生产中的需求变动

最近，本田在生产改革中也在活用 A00。或许有人觉得，生产时用较低的成本制造高品质的汽车是理所当然的，所以设立 A00 是没有意义的。但首先我们必须具体了解一下现在面临着怎样的问题。另外，已经在使用的工厂是一切生产改革的前提，所以现在面临的问题不是创新的问题，而是如何用过去的经验来解决现在的问题；反过来现有的设备又是解决问题的制约条件，解决问题的重点不是开发新的设备，而是如何有效地利用现有的设备。

这时可以想到的就是进行混合生产。公司对各种车型的需求不总是稳定的。以前的汽车生产工厂应对需求变化的能力很有限，经常会发生 A 车型生产能力不足，而 B 车型生产能力过剩的情况。

因此，现在我们把"最大限度地利用现有设备，建设能灵活应对需求变化，而且还要保证高品质的生产线"作为 A00①。这项生产改革在几年前终于告一段落了，最终世界各国的所有本田工厂都能实现多种车型的混合生产。由此也就能够迅速应对畅销车型的增产需求了。本田实施的应对需求变动的混合生产就全世界而言都是走在前列的。由此可见，具体项目的领域不同，以及项目本身的制约条件不同，A00 设定的内容也大不相同。换句话来说，如果不能理解项目的特征和制约条件，是无法确定 A00 的内容的。

在笔者开发安全气囊的时候，A00 发挥了非常重要的作用。这项创新首要的目标就是把顾客在开车时发生的死伤事故降到最低，不过这种描述还是够具体。所以笔者又针对安全气囊的问题进行了深入的思考，最终把问题锁定到以下两点：第一点是由于操作失误导致顾客受伤；第二点是受到冲击后没有启动，以至于本来应有的作用没有发挥出来。对关系到生命的安全系统来说，这两点都是非常致命的问题。

简而言之，安全气囊的 A00 就是"把上述问题发生的可能性降到最低"。

---

①这个 A00 在语法上虽然不正确，但能够正确的反映主旨。其他的 A00 也一样，只要能反映主旨即可。

因此必须要确保安全系统有很高的可靠性。更具体地说，就是把构成各个系统的零件的故障率降到一百万分之一以下。在安全气囊的开发过程中，在这个 A00 的引导下解决了很多具体的技术课题，最终把单独的零件和整体系统的故障率都降低了。

A00 与创意的紧密关系

笔者曾经和"雅阁"①"里程"②，还有"思域"③的开发负责人都讨论过，他们一致认为只要有完美的创意，技术自然就随着来了，而且创意与 A00 还是紧密联系的。

在笔者的印象里，第五代"思域"（1991 年发售）的创意源自于巴西的一种舞蹈"桑巴"。虽然笔者并不知道桑巴舞和第五代思域的 A00 有什么直接的关联，但只要想象一下跳桑巴舞的样子就能知道，机敏的操作系统和跃动的设计肯定是关键。

在本田，A00 还会出现在下面的情形。笔者年轻的时候，曾经担任过本田技术研究所圣诞舞会的负责人。那次，上司满脸笑容地来问我："小林，你说说今年圣诞舞会的 A00 是什么？"笔者哪里考虑过圣诞舞会的 A00 啊！于是回答说："是扫除过去一年的不如意，打起精神迎接新的一年。"结果上司不高兴地说："用这些每年都说的套话来打发我可不行。你连 A00 都说不到位吗？"本田的人要是执着起来可是要执着到底的。

---

①车名，Accord。——译者注
②车名，Legend。——译者注
③车名，CIVIC。——译者注

第4章 哲学和独创性的辩证关系

> 每个人都可以对创新做出贡献。
>
> 创新要有坚定的原点。本田创新的原点是"三个喜悦"和"互相尊重"。
>
> 企业文化和行事准则是创新的强大后盾。

本田宗一郎的 DNA 仍然存在

经常有人问：本田创新的"秘诀"是什么？笔者总是回答："没有什么秘诀"，或者"因为本田有自己的哲学"。接着对方会一副讶异的表情问我："因为有哲学？"

没有哲学的技术是凶器

本田的哲学不是秘诀，秘诀没有深度。可以说本田的哲学恰恰是另一个极端。不过本田的哲学也不是哲学课本上的那些难以理解的学说，而是扎根于日复一日的技术开发和事业活动、就在员工身边存在着的原理。本田的哲学是真正有助于提高创新成功率的。

在这一章里，笔者希望能够展示一个整体的概略图，介绍一下本田是如何基于它的哲学来推动创新走向成功的。这个概略图也是笔者离开本田、进入大学执教后，在和很多位来自不同企业的人士讨论的过程中才慢慢得出的。首先必须要提的就是"老爷子"的话。"老爷子"就是本田的创始人，也是本田的第一代社长——本田宗一郎。我们一般都满怀敬意又亲切地叫他"老爷子"或者"老爸"。

"老爷子"曾经说过这样的话："没有理念、哲学的行动（技术）是凶器；没有行动（技术）的理念是没有价值的。"那么，本田的哲学究竟包括哪些内容呢？有一个象征性的例子可以很好的说明。

埼玉制造厂的水

1990 年，德国的某个汽车厂商在电视上播出了一则广告，广告的主题是生产汽车的工厂排出的水。这家厂商把工厂里使用的水净化到原水源的标准，之后才把水排放回河里。当时，日本的环境公害问题已经得到了一定程度的解决，工厂只要去除了氯氟烃之后，就不会太关注其他物质对环境的影响了。本田当时的社长川本信彦下了指示，要求调查本田的实际情况，并考虑相应的对策。

于是,公司派了一个年轻人去埼玉制造厂(埼玉县狭山市)。制造厂的人太忙了,还没看过那则广告。年轻人问埼玉制造厂的厂长对这则广告有什么看法,厂长说:"是吗?我们也没办法啊,又被别人超过了啊。"然后厂长让那个年轻人和厂里的员工一起去了他所属的设备管理科。之后年轻人总结了一下对策,准备动身返回向社长报告。

不过年轻人在离开之前,又找了设备管理科具体的负责人,没想到负责人说:"啊,你说水啊。从1964年埼玉制造厂成立开始,工厂里的水就会被净化得比原来的水还要干净,再排放回河里。"因为"老爷子"曾经说过:"水是大家共同的财富,我们要净化干净后再还回去。"大家听了这番话都惊讶不已。埼玉制造厂的生产用水已经被净化到大大高于规定值的标准,净化工作做的非常彻底,而且他们从1964年就开始这样做了。社长以下的管理层,包括埼玉制造厂的厂长在内,谁都不知道这件事。

所以只有董事才能知道公司全部的政策和规定。后来在接受媒体采访时,工作人员才把工厂从开工以来一直在实施高标准污水净化的事实告诉媒体。

净化工厂用水,肯定会提高生产成本。但是在本田的哲学里,"水是大家共同的财富"这个理念的优先级更高。这个例子就是现在所说的企业的社会责任(Corporate Social Responsibility,CSR),它和创新的道理是一样的。只要有坚定遵守的哲学,行事的原则就不会动摇,也不会被规定之类的外部因素所左右。就像人站得直、行得正,就什么都不怕了。因此,在本田的创新概略图中,哲学是坚实的基础(图4-1)。下面的概略图是笔者离开本田之后,经过和很多人的讨论才勾勒出的。笔者也终于能够看到给创新加速的行事准则的全貌了。

另外,笔者还把本田的哲学总结成两点:即"三个喜悦"和"互相尊重"。

"三个喜悦" 和 "互相尊重"

三个喜悦是1951年12月被"老爷子"当作社训,在公司内部报纸上提出的,即"制造的喜悦、销售的喜悦、购买的喜悦"。"老爷子"在文章中写

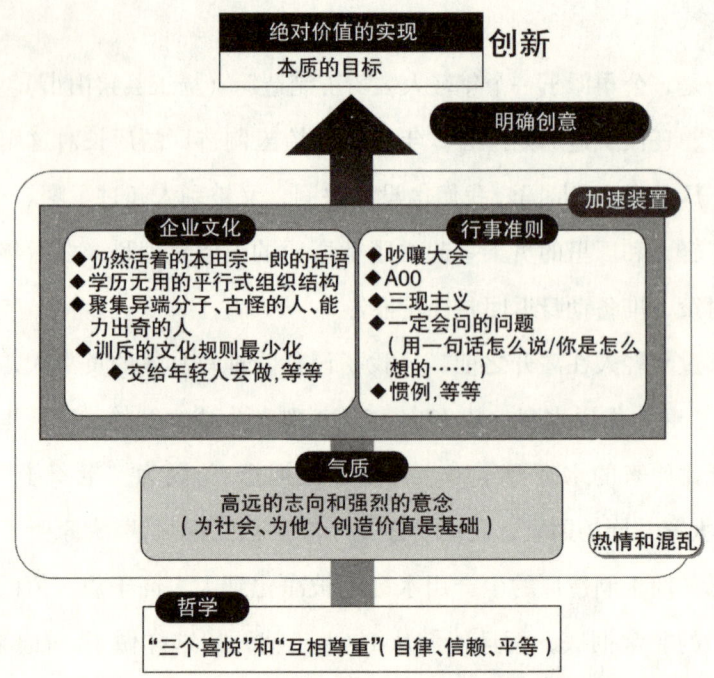

图4-1 本田流派的创新概略图

道:"我会竭尽全力,为了实现这三个喜悦而努力。"

> 我把"三个喜悦"作为公司的社训,在这里提出。所谓三个喜悦,即制造的喜悦、销售的喜悦、购买的喜悦。我会竭尽全力,为了实现这三个喜悦而努力。
>
> · 制造的喜悦
>
> 制造的喜悦是只有技术人员才能拥有的喜悦。用自己的好点子来制造对人类文明有贡献的产品,由此产生的喜悦是任何事情都替代不了的。而且如果这个产品的优越性在社会上大受欢迎的话,技术人员得到的喜悦就更无与伦比了。
>
> · 销售的喜悦
>
> 销售就是把我们公司制造的产品通过各个代理店和零售店销售到需要产品的消费者手上的过程。如果产品的品质和性能很优秀,价格又低廉,肯定会给参与销售的各位销售人员带来很大的喜悦。又好又便宜的东西肯定受欢迎。产品如果很畅销,利润就会随着增加,在卖这种产品时自己都会觉得很自豪,自然就会有喜悦。不能制造让销售人员喜悦的产品,实在是个很不合格的制造商。
>
> · 购买的喜悦
>
> 最了解产品的价值、做出最终评价的,既不是制造商,更不是经销商。而是在日常生活中使用产品的消费者本人。消费者喜悦地说出"啊,买到这个太棒了"的话,那真是产品实现价值能得到的最高荣耀了。

图4-2 本田宗一郎提出的"三个喜悦"

"三个喜悦"为的就是同时实现技术人员、零售店和代理店以及购买者三者的喜悦（图4-2）。"老爷子"认为其中最重要的是"购买的喜悦"。"老爷子"曾经宣言说："最了解产品的价值、做出最终评价的，既不是制造商，更不是经销商。而是在日常生活中使用产品的消费者本人。"

这句话也是对技术人员自以为是的警示。只要能认真的思考"购买的喜悦"，技术人员在创新的时候自然就会思考如何才能实现让顾客喜悦的价值了。所以，笔者对那些为了写论文的研究，还有满足技术人员自己好奇心的技术开发根本没有兴趣。做出最终判断的是使用者，如果使用者觉得哪里不满意，那产品和技术一定存在问题。

互相尊重这一点，据说是"老爷子"在和另一位本田创始人、第一代副社长藤沢武夫相遇之后，两个人不知不觉悟出来的道理。他们俩有一整周都在彻夜长谈。当时他们说过两件事：第一，绝对不让自己的员工受到他们原来工作时遭受的待遇；第二，干事业要有高远的志向。"老爷子"是小学毕业，藤沢副社长也只是初中毕业。他们原来都吃过不少苦，所以他们下决心一定不让自己的员工也遭遇和他们一样的经历。

"老爷子"说过："每个人身上都有优点，如果每个人都能做自己擅长的事，可以不辞辛劳，自己又有上进心，主动去努力，那每个人该多幸福啊。""老爷子"与那些放话说"B级和C级的人才滚出去"的美国经营者太不一样了。

后来川本信彦社长（本田第四代社长）又把"互相尊重"的哲学整理成为一个简单易懂的版本："互相尊重就是自律、平等、信赖。"人要互相尊重，首先要自律。自律的人和他人站在平等的立场上互相信赖，才是本田所追求的"互相尊重"。

"互相尊重"同时也重视个性。不排挤反而尊重异端分子、古怪的人、能力出奇的人，这种非常包容的文化深深植根在本田公司中。可以说，挑战创新的人一般都是些古怪的人。没有个性的人，或者说没有自己的想法的人，是做不了独创性的工作的。可见"互相尊重"哲学在重视个性这方面和创新有非常紧密的联系。

没有行动的理念是毫无价值的

本田以三个喜悦和互相尊重作为企业的基本理念和哲学，但是只有哲学是无法实现创新的。也就是说"没有行动（技术）的理念（哲学）是没有价值的"。

因此，本田要把自己的理念和哲学运用到实际的行动中去，进而形成了自己的"企业文化"和几个"行事准则"。互相尊重的企业文化、追求三个喜悦的目标都已经渗透到每个本田员工的骨子里去了。

本田的企业文化和行事准则是创新的巨大推动力。本书会在接下来的章节中具体介绍各个项目，例如行事准则包括第 3 章介绍的、用简洁的语言叙述本质目标的方法 A00，集训三天三夜、就一个主题进行彻底讨论的吵嚷大会。企业文化允许对未经深思熟虑的发言毫不留情地进行训斥的权利，学历无用的平行式组织结构等。它们都像加速装置一样，对推进创新起到了巨大的作用。正是这些企业文化和行事准则产生了本田独特的"热情和混乱"（图 4-1）。

毋庸置疑，企业文化、行事准则和哲学之间会非常强烈的互相呼应。如果没有自律、信赖、平等互相尊重的哲学前提，吵嚷大会也无法成立；A00 也必须以三个喜悦作为基本出发点。立足于哲学、给创新加速的本田流派，也是通过真实的经验形成的。不过，笔者认为第三代社长久米是志对行事准则的建立起到了不可替代的作用。

A00 是由久米社长导入的，据说也是从久米社长开始，社长级别的领导才经常亲自参与吵嚷大会。"老爷子"过去经常和员工说："技术没有哲学做前提是绝对不行的""如果不能跟外行讲明白，说明你对这个问题还是不清楚"。有时"老爷子"还会一边流着眼泪一边训斥员工："你们真的觉得这对顾客有价值吗？"

久米社长那一代都是这么直接锻炼过来的。可是等"老爷子"渐渐离开了公司一线，久米社长他们肯定苦恼过今后该怎么办，思考的过程一定是绞尽脑汁。"老爷子"是个天才，他做过的事情普通人是做不到的。为了继承"老爷子"的 DNA，最终久米社长摸索出了 A00 和吵嚷大会的方法。

高远的志向和强烈的意志

其实，本田流派的创新还有另外一个必要条件，就是技术人员要有高远的志向和强烈的意志。在本田，技术人员在很多领域都有很大的自由裁量权。如果技术人员没有干劲儿，即使有揭示本质的哲学，有具备创新的加速装置，也都无济于事。技术人员没有干劲儿，一切都会瞬间土崩瓦解。因此，必须训斥或者激励技术人员，把他们的积极性调动起来。

管理层必须要肩负起这个任务，这个任务就是培养人才。财务状况改善之后，公司的经营状况看起来也好像变好了，不过这样的改善只是短期性的。要想从中长期改善公司的经营状况、提高竞争力，只能靠培养人才来实现。经营者和董事必须要把 30%~40% 的时间花在人才培养上。笔者离开本田已经 6 年多了，现在依然关注本田是否能够做好人才培养的工作。

"老爷子"的很多演讲都给我留下了很深刻的印象，有一段关于"每个人身上都有优点"的话我到现在都还记得。内容是这样的："我们公司是生产摩托车和汽车的，肯定有人擅长做，有人不擅长做。而且也不是每个人都能在这个领域发挥出 100% 的能力。有人会成为闪闪发光的钻石，有人就是一块石头。不过对我来说，钻石和石头一样重要，所以大家一定要尽全力做到最好。不过，今天在座的好像没什么钻石啊（笑）。但是一般来说，你们听好了，在和人相撞的时候，还是石头更好用。"听到这里，大家一下子沸腾了，原来"老爷子"心里是这么想的！

于是，大家在工作岗位上都在尽己所能的做到最好。

◎ 混蛋的一群人——"唯利是图的人"

最近美国的经营模式在世界各地非常强势的扩展开来，越来越多的经营者把赢利放在第一位。还有经营者断言说："我们公司的目的就是赢利。"这么说究竟对不对呢？

本田认为赢利是结果。我们应该做的事情是创造新价值，并把新价值提供给顾客，让顾客满意，这样取得的结果就是摩托车和汽车变得畅销，收益自然就会赢利。那么，把赢利放在第一位与把赢利当成结果有什么区别呢？最大的区别就是，如果把赢利放在第一位，就很有可能利欲熏心，去欺骗顾客。

当然，并不是每个把赢利放在第一位的公司都会欺骗顾客。我也知道这种企业不多。可是，也没有少到可以忽略的程度。业绩恶化，当前看不到恢复的希望，这时邪恶的念头就开始蠢蠢欲动了。高级饭店把前面的客人吃剩的食物再次利用、卖点心的老店篡改生产日期、食品生产商伪造产地和原料，这些都是最近几年被曝光的事情。

欺骗顾客这种事儿不一定都是直接被经营者指使的。不过经营者要是打出了赢利至上主义的旗号，下属就要看领导的脸色，所以公司整体都慢慢地变成利益至上主义了。员工在公司高层的压力之下，受到各种撒谎技巧的驱使，会故意瞒报市场情况，或者把责任和损失都推到顾客身上。这些情况都不会被传到公司高层那里，所以经营者还会误认为自己重视赢利的经营模式起到了效果，经营改革取得了成功。但是，这样的情况不会持续很久，总有一天"报应"会一下子全都找上门来的。你们这些"唯利是图"的经营者，都是混蛋！

第 5 章
吵嚷大会（一）：高贵的本性

> 为了接近本质而进行的三天三夜的讨论就是吵嚷大会。
>
> 吵嚷大会是掌握思考方法的最佳场所。
>
> 尽情的讨论，可以展现人内心深处的高贵本性。

聊上三天三夜一定会发生什么

笔者在前面提到过："创新不是原有技术的延伸，而是实现前所未有的新价值（绝对价值）。"这件事说起来简单，但要真正做到却是难上加难。笔者从安全气囊的基础研究开始，到产品开发的完成，一共花了16年的时间，才最终实现了安全气囊在日本的首次批量生产。这些经历让笔者对创新的难度有着切身的体会。

但是，只是站着不动就什么都开始不了。为了前进，接下来笔者会与大家一起详细了解第4章里描绘的"本田流派的创新概略图"中创新的加速装置——"企业文化"和"行事准则"。这些加速装置是推进创新走向成功的可靠手段。这一章和下一章的主题就是"吵嚷大会"。

在"吵嚷大会"上掌握思考的方法

大家听说过"吵嚷大会"这个词吗？本田的吵嚷大会一般都被理解成"吵吵嚷嚷、活跃讨论的头脑风暴"，但是实际情况却大不相同。在本田，吵嚷大会与一般的会议完全不同，它不是一般的用语，而是更具代表意义的专有名词。

首先，吵嚷大会要在公司外面举行。一般来说是三天三夜的集训，有时也会长达一周。人们每天只睡四小时，所以三天三夜就已经是极限了。在笔者所属的产品安全部门里，每人每年平均参加四次吵嚷大会。一次三天，一年四次的话，一年就是十二天。每年的工作日大概有240天，所以每人每年有5%的时间会脱离平时的工作，参加吵嚷大会。每次参加的人数，7~8个人就算是多的了。笔者所属的产品安全部门当时有几十人，后来又增加了很多人。每次都从中选7~8个人参加吵嚷大会，所以同行的人每次基本不一样。

吵嚷大会的主题也是各种各样的。产品安全部门属于职能型组织，安全的价值和方向是我们的工作重点；对于新车开发的项目组来说，汽车的创意定位就是他们的主要课题了。

吵嚷大会既有面向新技术人员的培训会，也有各个部门之间的交流会。新车开发的安全主题会，产品安全部门也会派一个人去参加。相反，如果在产品安全部门的吵嚷大会上要重点讨论的内容是产品材料的话，也会请产品材料部门派人来参加。

讨论的主题各种各样，讨论的情况也五花八门。在新车的创意定位大会上，最开始讨论的内容很空洞，随着创意的成型，讨论的内容也变得越来越具体，也不是讨论一次就可以把创意固定下来的，有时候要开好几次吵嚷大会才能做最终决定。

吵嚷大会不是寻求妥协和协调，例如"低成本和高品质怎样才能取得平衡"（这些议题会在普通的会议上讨论），吵嚷大会的目的是找出让低成本和高品质同时实现的新价值和新创意。所以在吵嚷大会上，经常会返回到本质价值这个问题上来进行讨论。因此经常会听到"本田存在的价值是什么""汽车企业可以为社会做什么贡献"之类的讨论。

年轻的技术人员还不太适应这么本质的讨论，所以最开始的时候一般不会让他们参与讨论。不过还是会让他们说一说自己的想法，当时笔者也经常被前辈问："你是怎么想的？"吵嚷大会也是掌握思考方法的道场。参加了20次吵嚷大会才能升级到白带①。接着还会要求你升级到引领讨论的黑带（参加大会40次）。

火药更安全

吵嚷大会也是决定技术开发方向的场所。在进行安全气囊开发的时候有这样一个例子，现在的安全气囊系统在填充气囊的时候用的都是火药。不过

---

①"白带"在柔道中意为刚刚达到"入门级"，"黑带"为较高级别。柔道共分为十段五级，以腰带颜色来辨识段位。由初段到五段的腰带为黑色，六段到八段为红白凸间，九段到十段为红带，一级颜色分别是：咖啡色、蓝色、橘色、绿色、黄色。

在开发的时候，有用火药和用高压氮气两个选项。我们用这两种方法做过很多次模拟实验，但都没能得出最后的结论。所以就想通过吵嚷大会来讨论在这两个选项中，究竟哪"一"个更能提高安全气囊系统这个安全装置的价值。

高压气体的物理性状使它总是保持着很高的能量。如果发生故障导致气体泄漏，安全气囊无法充气，后果会非常严重。而火药只要不点火就不会释放能量。所以很少发生故障而爆炸①，检查工作也比较安全。从这一点来说，火药更有利。但是火药可以被用作枪支等武器的弹药。我们要面对的一个基本的问题就是：用火药做安全装置究竟可以吗？另外，用火药的话，必须通过引爆来使安全气囊充气，消费者可能会感到不安全。

正在讨论最热烈的时候，有人提出了一个意见："把安全气囊用的火药收集起来能制作武器吗？"如果真的发生这样的事儿就不得了了，所以大家一致同意，要用火药的话，就一定要做成火药无法取出的构造。在进行这些本质讨论的时候，是不会把成本当作前提的。一般来说，成本都是之后再尽量削减的。实际上安全气囊系统的成本削减进行得非常迅速，现在日本国内的汽车上搭载的都是标准化的安全气囊系统了。

在那次吵嚷大会上，我们终于下了最后的结论：对安全气囊的最大价值——安全可靠这一点来说，火药的性能更优越。火药可以用作制造武器，不过这也正好证明了它爆炸的危险是可控的。所以用火药不容易发生故障。安全气囊等安全装置最大的价值就是万一发生冲撞的话，绝对不出故障。讨论到这个程度，就可以满怀信心的用火药作为安全气囊充气的点火装置了。

吵嚷大会不会把非常详细的数据拿出来进行讨论。基本的实验结果等内容是装在脑子里的。在吵嚷大会上，与其就细节进行讨论，还不如更注重如何才能接近技术的本质。也有人在这一点上有所误解，说："如果不能提前两周把会议主题告诉我，我很难参与讨论。因为不提前两周时间我没办法准备好资料。"这么说正好证明了他不理解吵嚷大会的意义。用一周或者两周时间

---

①如果正确的分类，这里的火药应该分到推动剂里。只是火药推动剂爆炸时也会产生膨胀感，所以普通的人会觉得它和火药一样。因此在本书中都用火药来表述。

收集来的资料对讨论本质根本起不了什么作用。参与讨论的人通过实际经验掌握的知识，还有他的价值观、人生观比资料要重要。关于技术本质的讨论就应该这样。

三天三夜后的发现

吵嚷大会简单地说就是脱离日常的工作，进行自由讨论的场所。但是，参加过无数次吵嚷大会的笔者深深的感到，吵嚷大会要想有效地发挥作用，必须要满足几个前提。而且吵嚷大会的前提与本田的哲学、构成创新加速装置的其他要素都是紧密相关的。

例如，要自由的讨论，就离不开本田"学历无用的平行式组织结构"的企业风格。吵嚷大会与参会者的职位、年龄和性别无关。不管是董事，还是刚进公司一年的技术新人，都是平等的。而且"异端分子、古怪的人、能力出奇的人"聚集起来，讨论的范围也会大幅度扩大，也很容易出现独具风格的论点。

当然，这些企业风格和它的哲学——"互相尊重"（自律、平等、信赖）是不可分的。另外，吵嚷大会会通过自由的讨论来寻求本质，所以它也是明确创意、决定A00的一个具体过程。这样看来，吵嚷大会已经不单是讨论的场所了，它还是让员工感悟本田的哲学和DNA的绝好机会。

那么，吵嚷大会实际的气氛如何呢？首先，要三天三夜连续不停地讨论同一个主题。这种机会平时应该很少遇到。当然，第一天的时候大家还都很精神，发表自己的意见，努力的说服别人。但是，别人不是那么容易被说服的，因此讨论逐渐进入白热化的阶段。因为每个人不把想说的话全都说出来吵嚷大会还不算开始。

到了第二天，就开始理解他人的意见了。在理解他人意见的基础上，进一步完善自己的主张。到了这个阶段大体上就可以知道这些在吵嚷大会上初次接触到的人的人品了。

接着进入第三天，理论性的意见都已经说完了，大家也都已经疲倦了。

这时开始有人回到出发点，问"本田这么做的意义是什么"等问题。大家都会觉得："怎么又从头开始啦？"瞬间精疲力尽。但是，这个问题非常重要。同样是提问"意义是什么"，但最开始的意义和第三天的意义本质上已经不同了，讨论也实实在在地深入了进去。经过这样来回的讨论，讨论的内容逐渐超过了理论的局限，逐渐进入了创新的领域。

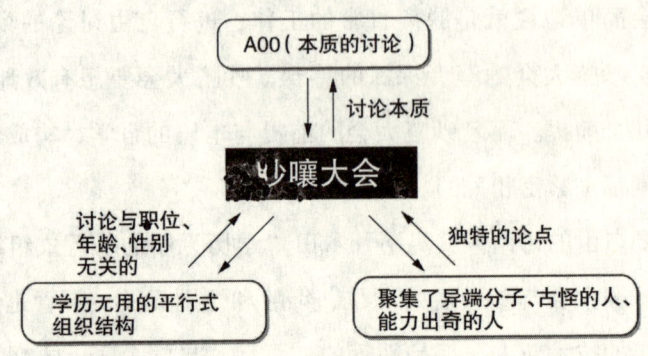

图 5-1 支撑吵嚷大会的三个要素

"吵嚷大会""A00""平行式组织结构""异端分子、古怪的人、能力出奇的人"都是加速装置的要素，它们之间不是彼此独立的，而是相互紧密联系在一起的。本图是以吵嚷大会为中心绘制的。

很不可思议的是，到了这个阶段人们已经不会考虑什么面子、地位和名誉、财富和权利了，大家都在考虑："自己和公司能为别人、为社会做些什么。"笔者参加过无数场吵嚷大会，但每场都会有同样的感受，就是：人的本性都是高贵的，每个人都有一颗高贵的心。确信这一点并共享，实际上也是吵嚷大会的另一个巨大的作用。

第 6 章

吵嚷大会（二）：心的坐标轴

{ 要习惯性的经常思考什么是价值。

自己要认真的思考一次"爱"。

考虑什么是价值，最终就是要研究人。

关于爱，你知道什么

笔者在演讲和讲课的时候经常会说："请用5秒钟回答下面的问题"，之后抛出下面三个问题：

（1）你的公司（组织）的存在意义是什么？

（2）爱是什么？

（3）你的人生目的是什么？

这三个问题是吵嚷大会的基本问题。如果你不能用自己的语言说出自己的公司和组织的存在意义，那就没什么好聊的了。但是，虽然不是每个人，但几乎所有的人都说不出自己的公司和组织存在的意义是什么。本来现在的公司也不要求员工能做到这一点。在成果主义（大部分情况下赚到的钱就是成果）导向下，员工都有自己的"使命"，对员工的评价也是根据他能否高效完成他的"使命"做出的。员工要是想弄清楚公司的存在意义，一般都会被上司瞪着眼睛训斥说："别问多余的事情。"从本质和根本来思考公司、组织的存在意义的价值观，已经被连根拔起了。

不仅一般员工会这样，就连科长和部长也都会这样。何止如此，社长这些管理层都不会思考公司的存在意义。因此，公司没了自己的哲学，就像没有根的草一样，只追求利润，随波逐流。可是，这样的公司能产生利润吗？大家都应该回到基本的原点，好好想想自己公司存在的意义，公司是否能够创造出新的价值、提供给顾客、让顾客高兴呢？

吵嚷大会经常都是从这三个问题开始的。在本田，无论在什么主题的吵嚷大会上，都会回到本田公司的存在意义这个原点来思考问题。

爱是什么

第二个问题是"爱是什么"。实际上在笔者进公司不久参加的第二次吵嚷大会上，这个问题就是讨论的主题。当时，本田技术研究所的干部突然非常认真的问了我们几个技术新人这个问题，后来这个问题也就成了那次吵嚷大会的主题。各位读者可能会想："开发汽车和爱有什么关系啊？"笔者当时也是这么想的。而且 7~8 个男青年面对面说爱是什么，可一点儿也不浪漫。

这里有必要解释一下那次吵嚷大会。在第 5 章里笔者曾经提过本田有专门面向技术新人的吵嚷大会。关于爱的吵嚷大会是非常典型的训练篇。那次的吵嚷大会有本田技术研究所产品安全部门的十几个技术人员参加，大概有一半都是第一次参加吵嚷大会的新人。所以，包括笔者在内的年轻人和负责指导的技术前辈在开会的第一天离开了大部队，在另外的一个会议室进行了关于爱的讨论①。

虽说关于爱的讨论只有一天，但对于一群男人来说，时间已经够长的了。最开始大家都说了一些很无聊的笑话，还有人很不满地说："为什么要讨论这个啊？"后来有人说："爱就是关爱家人的心""爱就是想念别人"。说的人也非常明白自己说的不到位。而用从别处听到的内容，也就是借用别人的话是不允许的，这时大家终于发觉，原来自己对经常听闻的"爱"这个词什么都不知道。

大多数的吵嚷大会在结束之后都要向研究所的主管汇报会议内容，在确定新车开发创意时，反倒会为了如何总结汇报内容而开吵嚷大会。创意之类的主题可能很难马上得出结论，所以结论不是必需的，只要汇报讨论的内容就可以。

最惨的就是，汇报结束后被主管问："然后呢？"这就意味着主管觉得汇报的内容没有经过仔细思考，讨论也不够深入，他"想听进一步的汇报"。可汇报的人已经把应该报告的内容全都说完了，当然没什么内容进一步汇报了，所以汇报的人会感觉被领导看扁了，听到"你们也就这个程度啊"这样的评语，汇报人肯定很不好受。笔者一边说着关于爱的想法，脑袋里一直在想象这个情景。

---

①大部队进行了有关其他安全主题的讨论。不过训练篇的吵嚷大会只有一天。从第二天开始，参加训练篇的人就又加入了关于产品安全的讨论。

正在这时，有个人轻轻地自言自语说："人们都管汽车叫爱车是吧。可是却没有人说爱冰箱。"

在那一瞬间，大家都好像被什么拨动了心弦。

"对了，对硬件，有的前面可以加'爱'，有的就不可以加'爱'是吧。"

"除了汽车，大家还管自己的吉他和相机叫'爱机'呢。这与技术领域或技术水平的高低没什么关系。还有爱犬、爱妻、爱唱歌①，都是和人感情很深的事物。"由此，讨论一下子开始加速了。

最终我们达成了这样的共识：开发冰箱时应该重视的是机能、品质、性能等可以量化的指标；而开发汽车就不止这些，开发汽车必须要实现无法量化的、可以让顾客动心的、极其情绪化的价值。只有实现了这些价值，汽车才能成为爱车。"所以，不能用开发冰箱的思路来开发汽车。"

图6-1　汽车是可以加"爱"的硬件

爱是开发汽车过程中不可缺少的元素。研究所的主管听了关于讨论内容的汇报后，说了一句："哼哼哼，总算讨论到这里了啊。"然后就离开了。这句话的氛围可能不容易确切地传达给读者，不过这已经是最高的褒奖之词了。

开发冰箱的技术人员可能有不同的看法，不过对"爱"的这番认识，对当时还很年轻的我们来说，便成了后来进行各种技术开发的"坐标轴"。技术

---

①爱唱歌（はいしょうか），心爱的歌曲。——译者注

开发要通过大量的实验来处理庞大的定量数据，经常想的都是怎么才能让数据好看。这时应该停下来思考，思考一下在开发汽车的时候，像"爱"这样无法量化的价值也是必要的。

尤其是"创新"和"爱"在无法用理论解释这一点上还是共通的。人无法用理论解释他为什么喜欢这辆车。创新如果不能超越理论，也就无法到达未知的领域。从很普通的角度来看，在吵嚷大会上花那么多时间来讨论"爱"就是在浪费时间。稍微宽容一点儿看，也还是非常没效率的。但是那次吵嚷大会在笔者的整个技术生涯的发展过程中是非常巨大的财富，其效果是不可估量的。

"老爷子"曾经说过："本田技术研究所不是研究技术的地方，而是研究人的地方。"很多人都不太理解他的这句话的真意。实际上这句话是非常简单的字面意义。他就是在说：研究所的技术人员首先应该做的事情就是研究顾客的内心，找到顾客需求的未来价值。如果这些事情都弄清楚了，只要用实现手段——技术来实现那些未来价值就可以了。因此，"老爷子"才说本田技术研究所不是研究技术的地方，而是"研究人的地方"。

技术人员要研究人，首先自己必须要有自律的人格。这也是笔者提出第三个问题的原因。没有想过自己生存的目的，没有想过自己最重视的价值的人，不可能会知道顾客需求的未来价值。

经常思考什么是价值

这三个问题是有共同点的。它们都在向"基本价值"提问。笔者在 10 多家公司讲解吵嚷大会的精髓时，经常会把这三个问题作为价值论主题的出发点。

开始的时候我们已经说过，对于最先抛出来的这三个问题，几乎所有的参会者都回答不上来。当然，只举行一次三天三夜的吵嚷大会是很难探求到价值本质的。但是，这可以成为探求的出发点。有位参会者的感谢给笔者留下了很深的印象，他说："我觉得自己今天用了从来没用过的那部分大脑。"

既然已经开始使用这部分大脑,以后继续使用就好了。

对于这种价值观最好可以一个团体一起讨论三天三夜,不过每个人也可以自己思考。思考公司的存在理由时,只要思考你自己负责的工作目标就可以。彻底的思考什么才是你工作的本质目标。第三代本田社长久米是志经常这样说:"在决定应该还是不应该做某件事的时候,要考虑两件事。'会不会给顾客带来喜悦'和'能不能提高现场员工的士气'。"这两点也可以作为大的行动指南。

到有话题的地方去

还有另外一个寻找新价值的有效方法,就是去几个有话题的地方。笔者在进行吵嚷大会指导的时候,也去了东京秋叶原的 Maid 咖啡店和新宿的歌舞伎町。有话题就意味着那里有新的价值产生。

这一点是援引了笔者在担任本田经营企划部部长时的经验。笔者为了给外国客人介绍一些有日本特色的景点,特意拜访了东京巢鸭的地藏通商业街。那是在 2002 年的春天,地藏通商业街当时因为被称作"老奶奶们的原宿"①,而开始受人瞩目。笔者一边逛一边思考这条商业街究竟有什么价值。忽然我发觉了一个现象。在那里有很多店的服务员都站在街上,还时不时的与经过的人搭话(图 6-2)。

有一个服务员突然问他旁边的老奶奶:"您家的孙子还好吧?"可是他们看起来好像不认识。不过老奶奶听后非常高兴。我想大概这种老街区的传统交流方式就是这条商业街最大的价值。

这个点子也可以用到汽车开发过程中。例如,汽车导航系统的特性如果不仅仅是提供信息,再加上交流功能的话,可能会孕育新的价值。实际上后来有其他的公司开发并生产了有交流功能的汽车导航系统。只要能够提高对价值的感知度,靠一个人也能找到创新的点子。

---

①原宿是东京都涩谷区的一个地区,是日本著名的"年轻人之街",是时尚的发源地。——译者注

吵嚷大会(二)：心的坐标轴

吵嚷大会从一般意义上来说是很没效率的。但通过吵嚷大会可以磨砺自己对顾客的未来价值的感知度。平时每天都被常规工作追着跑，很难产生新的想法。

图6-2　东京巢鸭的"地藏通商业街"的价值是什么

左图是被称为"老奶奶们的原宿"的地藏通商业街，右图是东京的歌舞伎町。街上行人的年龄层和服装完全不一样。

◎ 混蛋的一群人——没有决断力的董事

"董事"用英文说是"Director",所以董事最重要的一项工作就是决定方向（Direction）（董事另一项非常重要的工作就是第 4 章里提到的人才培养）。当没有数据、分析也没有参考性,也不知道应该向哪个方向发展的时候,董事必须根据自己的价值观和哲学来决定应该向哪个方向发展。

1986 年的秋天,在本田的东京青山总公司召开了一次会议,决定是否通过安全气囊的量产。我作为项目主管也参加了这次会议。十几个人的经营会议成员中有 1/3 的人反对。反对的人说他们担心安全气囊是否会发生爆炸或不启动的重大缺陷,现在就背负这个责任还为时尚早。剩下的 2/3 的人坚决不说自己赞同,其实也就是消极地反对。我心想："这次算是完蛋了,这个计划估计会被雪藏了。"

可是当时是久米是志当社长,他看了一圈在座的会议成员,说："安全气囊是非常值得信赖的技术,它能够提高品质和对顾客的价值。好的,生产吧。各位,拜托了。"就这一句话决定了安全气囊的产量。创新是完完全全的新事物,所以肯定有些部分是用理论分析数据也得不出答案的。所以最终要超越理论,做出决断。可是有很多董事都尽量回避这种决断。他们会问："其他公司有什么动向？"或者说："你再收集些数据来,我要看看可能性到底有多大""提案必须要有三个"。这样判断就被延误了。还有的董事对风险比较高的项目会连续地问"没问题吗",看来他们对项目非常不放心。这些其实都是为他们在项目失败时找借口所做的铺垫,失败了他们就会说："最开始我就不同意这个项目的。"这种逃脱责任的态度马上就会传染给现场的员工。你们这些没有决断力的董事,都是混蛋!

第 7 章 三现主义

{ 三现即现场、现物、现实。
创造不是纸上谈兵,落脚点要回到现场、现物、现实上。
三现主义应该联系理想和现实,突显本质。

首先要学习现场、现物、现实

对技术开发，不能期待偶然。可能大家会说："那是当然的啦。"但把希望寄托在偶然上面的事例还真不少。大家大概也听说过得诺贝尔奖的很多大发明都是偶然或者操作失误后成功的，但这些看起来偶然的事情绝对不是偶然的。就算最后一步是偶然的，但在此之前的所有准备也都要基于非常卓越的研究理念、坚持不懈地努力和持之以恒的信念。

在创新过程中创意是尤为重要的，这一点笔者一直在书中强调。这里所说的创意就是："基于顾客的价值观、从独特的角度捕捉到的事物的本质"（参照第12章）。

开发新车时创意很重要，但在开拓未知领域的创新过程中创意会显得更为重要。如果创意不明确，该做什么、不该做什么，就没有基准来取舍。如果无法决定优先顺序，那么应该做的事情就会被无限地扩大到很多技术领域，开发的资源也就分散了。我在篇首提到的依赖偶然的状况就是这样的。但是在实际的技术开发中，是绝对不会遇到偶然的。

创意成型了，理想蓝图就明确了，A00（本质的目标）也就能确定下来了。原本还很空洞的创意框架，就进一步具体化了。这一步走错了，之后就惨了。所以最开始的创意是非常重要的。在前面也介绍过，花三天三夜进行讨论的"吵嚷大会"对创意的明确起到了非常大的作用。本章的主题"三现主义"和"吵嚷大会"完全处于不同的阶段，但也对明确创意起到了巨大的作用，是一个强有力的手段。

"三现主义"——"老爷子"的口头禅

三现主义是"老爷子"自创业以来经常挂在嘴边的一句话。三现即"现场""现物"[①]"现实"。对三现主义比较普遍的解释是："在现场，看到现物，

[①]在日语里，实物写作"现物"，所以这里才将现场、现物、现实称为三"现"。——译者注

从现实出发做出对应。"但本田的三现主义里面还隐藏着"本质"这个关键词。笔者认为本田的三现主义是："通过了解现场、现物、现实，来掌握本质。"

进一步来说，想要抓住事物的本质，在考虑或者讨论其他之前，首先要了解现场、现物、现实。本田的三现主义里包含着不可动摇的信念。其次，三现主义是以现实为出发点的，它本身也是对"纸上谈兵"的一种警示。

"老爷子"自己也经常将三现主义付诸于实践。他总会到现场去，盯着或者拿着现物看，之后长久、深入的思考。在第一代"雅阁"（1976年发售）试制的时候曾经发生过这样一件事。

雅阁比本田当时的主推车型"思域"的车身要大一圈，是作为本田新一代龙头产品来进行开发的。事情发生在开发团队在向"老爷子"展示第一辆试制车的时候，"老爷子"满怀热情地看着这辆试制车，一会儿在远处观看，一会儿在近处仔细地确认细节，还亲自操作了车上的装置。接着他按了一下收音机的开关，于是收音机的天线慢慢地伸了出来，这时"老爷子"的脸色变了。

现在汽车里的收音机天线大家都是看不到的，可是当时开发团队觉得一按开关，天线马上伸出来有种很先进的感觉，所以特意准备了这个他们觉得很"帅气"的小道具。"老爷子"却非常严厉地训斥了开发团队，他说："天线要是扎到了小孩子的眼睛怎么办！"（图7-1）笔者当时不在试制车展示的现场，但这件事马上就在研究所不胫而走了。这件事可以说是浓缩了本田三现主义的精华。

图7-1　收音机天线的伸出有可能会伤到小孩子的眼睛

首先，刚才说的例子是新车开发过程中的一件事。一般来说三现主义主要用于生产现场活动的改善，但本田不仅在生产现场，还在开发和研究、营业和调配等所有的业务活动现场，都用到三现主义。

其次，试制车展示现场并不是直接的现场，而是把开发现场所取得的成果汇总、再介绍给大家的场所。也就是说，并不是要同时满足现场、现物、现实这三现之后才能运用三现主义。如果研究对象是事情，例如研究对象是顾客实际的开车方法时，现物就不存在了。这时要重点研究的不是现物，而是现状。

三现主义的名称里虽然有个"主义"，但它并不是教条性的规定，它很灵活，可以随机应变。所以大家不要把它当作什么真正的"主义"，而要把它当作自己苦于如何选择或被高墙阻挡时行动的指南，这样理解起来就容易多了。当你不知道怎么办时，先要回到"现场、现物、现实"上来思考问题，那么你一定会有一番新的领悟。

本质在现实与理想之间

前面笔者已经对三现主义做出了比较深入的说明，这些说明都是为了让读者理解隐藏在三现主义里面的一个关键词——本质。本田的三现主义是："通过了解现场、现物、现实，来掌握本质"，那这里的本质究竟是指什么具体的内容呢？我们认为本质就是构成创意的要素，它不受既有技术框架或陈旧的价值观和常识、制度以及规定的限制，而是超越了这些既有概念的事物。

这样说是有些太抽象了，如果从其他角度来说明，就是这样的。本质是处于现实和理想中的某一点。在第3章的"本质的目标"中我曾经举了个例子，说开发新发动机时，把"小型、轻，之外最好低耗能、高动力"当作目标是绝对不可以的，因为这个目标没有考虑到现实。能制造这样的发动机确实很理想，但是不现实。也就是说，这个目标完全无视了"现场、现物、现实"。

本质是扎根于现实的，但是如果完完全全地接受现实，就不会有任何改变。要不断的从理想和现实这两个不同的角度来思考问题，不断地问自己："你想要改变什么？究竟能不能改变？"一步一步的接近本质。这才是创新所需要的三现主义（图7-2）。下面我们一起看一个案例，看三现主义是如何在决定技术开发的方向时起到决定性作用的。

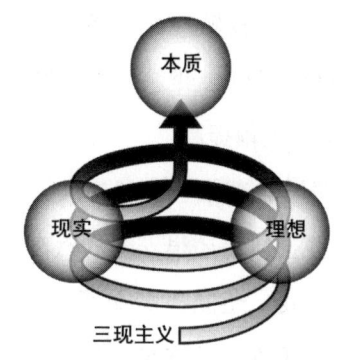

图7-2　把理想和现实连接在一起得到本质

如何保证汽车以 80 公里时速冲撞仍然安全

从冲撞安全的角度来看，什么样的汽车才是理想的呢？美国交通部在40年前，即1970年发表了安全试验车（Experimental Safety Vehicle，ESV）项目，之后全世界的汽车生产厂商都参加了这个项目。当时把以80公里的时速（50英里）撞击墙壁也不会导致驾驶员重伤的汽车作为目标。他们按照这个目标制定了一些必要的具体规格，如汽车的变形量和加给驾驶员的最大速度等。

墙壁很坚硬，因此以80公里时速撞击墙壁，和两辆车各以80公里的时速、即相对速度160公里每小时正面相撞的实际情况是差不多的。这以现在的技术水平来说都是非常高的目标。不过，要达到这一目标并非不可能。

本田也参加了ESV项目，主要是本田技术研究所里负责安全技术的部门参与，以小型汽车为基础研制ESV。笔者也参加了这个项目。不过……之后花了10多年的时间制造出的ESV，重量达到了2.5吨。现在销售的"里程"汽车也就刚超过1.8吨，2.5吨重的车几乎都算不上是小型车了。我们都管那辆车叫"战车"。

对此大家都陷入了深深的思考，后来还召开了吵嚷大会进行讨论。仅从安全技术开发的角度来制造一辆2.5吨的车有意义吗？这辆车能够成为实用型的车吗？经常有2.5吨的汽车行驶的交通系统又该是什么样子？开这辆车的人确实安全性高，但它要是和比较轻的汽车相撞，轻的那一方就惨了，肯定会被撞毁。车重，刹车的灵敏度也会变差，而且燃料的消耗量和尾气的排放量也会增加，汽车的价格也会大幅提高。

那次的吵嚷大会是彻头彻尾的遵循了三现主义。最后，在吵嚷大会上得出的结论是：以80公里时速撞击墙壁还很安全的汽车是不现实的。能在各种汽车共同行使的交通体系上行驶、还能提高交通体系整体的安全性的汽车，不是以80公里时速撞击墙壁还很安全的汽车。就算能开发出安全性高到极限的汽车，但这种汽车的副作用也是非常大的，而且价格还会很贵，难以得到普及，那样也就没什么实际的效用可言了。也就是说，在这几点之间要达成一定的平衡。达到平衡的那一点，就是我们所说的本质。

本田销售的车大部分都是小型车，所以最终决定我们的创意关键应该是："不要让驾驶小型车的人在安全方面处于不利的地位。也就是，我们不是要制造2.5吨的汽车，而是要在发挥小型车优点的同时把安全性提高到最高标准"。

要想实现这个创意，安全气囊和防抱死系统（Anti-lock Braking System，ABS）等安全装置的开发是非常重要的。当然，车体本身的冲撞安全性也需要提高，但为了发挥小型车的优点，必须要控制重量的增加。

全世界在提高汽车安全性方面的技术开发趋势与这个创意是完全一致的。本田也是日本第一家实现安全气囊量产的公司。

在理想与现实之间寻找创新

实际上以80公里时速撞击墙壁还很安全的汽车也不是撞击安全方面最理想的汽车。真正理想的汽车应该以更高的速度撞击乘客也没有伤亡。

在我们开始为了制造 ESV 进行技术开发的 1980 年，日本有近 9000 人因交通事故而死亡，这就是现实。然而，理想的伤亡情况应该是 0。理想与现实之间有着很大的差距（图 7–3）。

理想	因交通事故死亡的人数为零
 ESV	以 80 公里时速（50 英里时速）撞击墙壁也不会导致驾驶员重伤的汽车。只是汽车重量会大幅的提高，副作用很多。
 本田的创意	不要让驾驶小型车的人在安全方面处于不利的地位。不是要制造 2.5 吨的汽车，而是要发挥小型车优点的同时把安全性提高到最高限度。
现实	将近 9000 人由于交通事故而死亡

图 7–3　本质在理想和现实之间

在我们进行安全创意的 1980 年，日本的交通事故死亡人数（事故发生后 24 小时内死亡的人数）为 8760 人（据警察厅调查，以下皆同）。自 1952 年以来直到 1957 年之后，即 2009 年死亡人数第一次低于 5000 人，为 4914 人。2009 年之后死亡人数一直是 4000 多人，2011 年为 4612 人。这要归功于驾驶员安全意识的提高和道路交通系统的完备，而安全气囊和 ABS 等安全装置也做出了很大的贡献。

如果重视理想的话，就应该"现在就把死亡人数降到零"。也的确有人主张这样。但是从现实的角度来讲这是不可能的。要想把死伤事故变为零，就等于让汽车从世界上消失。

评论家暂且不谈，实际负责技术开发的人千万不可以过于沉溺于理想。纸上谈兵就住在理想的隔壁。不管安全领域的创新先进到何等程度，也不可能一下子把伤亡事故变为零。我们确实应该把伤亡事故为零当成理想的目标。这是毋庸置疑的，但是基于现实一步一步地前进是作为当事人的技术人员的使命。

从理想和现实的角度来考虑的话，无论是以 80 公里时速（50 英里/小时）撞击墙壁也不会导致驾驶员重伤的汽车，还是本田的概念汽车，都处于现实与理想之间。以 80 公里时速撞击墙壁也不会导致驾驶员重伤的汽车更靠近理想，而本田的概念汽车更接近现实。两者的共同点是，实现起来都不能缺少创新。

但是这两者在技术开发的内容方面差异很大。理想与现实之间有很大的空间。正因为有"空间",才有各种各样可能的选择。所以在具体的技术开发项目中选择去实现哪种可能性是非常重要的,而且也很难下这个决定。更何况,现实与理想都还经常会随着技术进步的水平和社会发展的水平而变化。在这么复杂的情况下考虑创意的时候,三现主义可以给你一个很明确的方向。

现在主要是安全和环境的问题被定为技术开发的主题。这两个主题在决定创意时更是难上加难,因为这两个主题的现实和理想中都有很多不现实的因素。立足于现场、现物、现实的三现主义可以很好帮助大家辨清这些不现实的因素。

第 8 章 现实是什么

> 新价值越是新，就越难以事先知道顾客对其的评价。
>
> 创新要有心理准备。
>
> 能够实现绝对价值的技术肯定会成为主流。

不要让安全气囊杀害孩子

杀害——是一个很沉重的词语。更何况,受害者还是孩子。安全气囊本来是保护人生命安全的装置,可是却变成了凶器。"安全气囊会杀害孩子"的可能性实际上是有的,这主要是指处在汽车副驾驶位置上的安全气囊。

副驾驶位置上的安全气囊的开发在理解技术开发的本质以及在亲身体验前面说明过的本田的哲学和绝对价值、三现主义方面,都具有非常高的参考意义。更何况这个问题还牵扯到小孩子的生命,这部分内容虽然涉及一些很微妙的问题,但因为其中包含了技术开发的本质,尤其是本质的核心部分,所以笔者会非常详细的介绍。作为铺垫,下面先从安全气囊普及前后的状况开始说明。

安全气囊应该放置在哪里

我们开发的日本第一个安全气囊仅限定在驾驶席使用,1987 年首次搭载在"里程"(面向日本国内和北美的车型)汽车上。之后我们的安全气囊系统以及每个配件的设计思想都是:通过高度的可靠性和量产来发挥削减成本的潜力,进而达到事实上的标准(De Facto Standard),但在本田将安全气囊推向使用之前,已经有国外的制造商在销售搭载安全气囊的汽车了,其中也有驾驶席和副驾驶席同时搭载安全气囊的汽车。

我们公司当然也在推进副驾驶席安全气囊的开发,不过还没有决定什么时候正式在汽车上搭载。没想到当初只是个选择性装备的驾驶席安全气囊,在很高的价格下仍然得到了顾客压倒性地支持,发售一年后,驾驶席安全气囊就变成了标准装备,由此公司决定在 1990 年秋天预售的第二代里程上,作为选择性装备,搭载副驾驶席安全气囊。

1988 年公司开始对这一目标展开具体的讨论,讨论时出现了一个大问题,起因是组装副驾驶席的仪表板的金属模具①已经开始制作了。但模具没有考虑到搭载副驾驶席安全气囊的问题，所以必须要做出很大的调整，调整需要高额的费用。

实际上还有几个方法稍微改动一下就可以把副驾驶席的安全气囊搭载到仪表板上。比如可以用副驾驶席一侧的储物箱（Glove Box）的空间（图 8-1）。

原本放置副驾驶席安全气囊就有两种方式。一种是放在刚才所说的储物箱，即下方弹出方式。另一种就是放置在仪表板上面的"上方弹出"（Top Dash Out）方式。当时（1990年）国外汽车制造商销售的汽车采用的搭载方式都是下方弹出的方式。

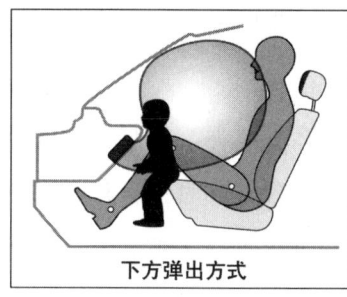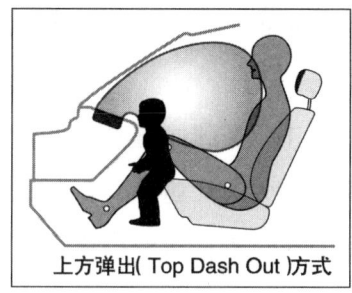

下方弹出方式　　　　　　　上方弹出(Top Dash Out)方式

图 8-1　副驾驶席的安全气囊的设置方式

如果采取下方弹出的搭载方式，站着的小孩子就会被膨胀的安全气囊直接撞击到（左）。如果采取上方弹出的方式，安全气囊会越过孩子的头部，就可以避开对孩子的直接撞击。

但是，我们发现了下方弹出方式有一个重大的缺点。安全气囊启动的前提是驾驶员坐在驾驶席。在发生冲撞时，驾驶员会被安全气囊紧压在驾驶席上，所以驾驶员受到的冲撞加速度（冲击）和座椅等车体部分基本上是相同的。汽车在设计时已经确保了车体的加速度和变形程度都会最小，所以驾驶员的安全性也非常高。

---

①金属模具：在制作塑料的仪表板时要把融化了的塑料迅速倒入一个模具中，使之成型。这个模具就是金属模具。

安全气囊会直接击中孩子

最危险的情况就是冲撞的力量太大，驾驶员因未系安全带被甩出座椅。驾驶员被甩出后会撞到方向盘或者挡风玻璃上，这个冲击力相当大，后果会很严重。因此想要防止受冲撞后被甩出去，使用安全带可以起到很大的作用，但是由于构造的限制，安全带保护不到人的头部和颈部。对此，安全气囊能够很好地缓冲躯干受到的冲击，尤其是脸部、头部。当然，这也是以驾驶员坐在驾驶席为前提的。

不过有个例外。幼儿园和小学低年级的孩子，尤其是男孩子在副驾驶席的时候经常一高兴就会站起来。当时人们对安全的意识还没有现在这么强，开车的父母一般也不会太在意孩子站起来，所以孩子经常站在车里抓着仪表板，看着前方。

这种情形下，受到冲撞的话会发生什么事情呢？我们对此进行了冲撞实验。当副驾驶席安全气囊采取下方弹出的设置方式时，从斜下方飞快弹出的安全气囊的前端会直接击中小孩子的重心，导致孩子被大幅度地弹起。被弹到后车厢的孩子会和车体产生剧烈地撞击，孩子会受到他根本无法承受的巨大的加速度。这就是"安全气囊杀害孩子"的过程。

如果不安装安全气囊结果又会如何呢？站在仪表板前面的小孩子在发生冲撞时紧紧贴着仪表板，这样他受到的加速度就和仪表板相同了，所以一般不会产生什么致命的伤害。所以，不安装安全气囊反而不会造成什么伤害，安装了反而有可能会杀害小孩子。作为安全气囊开发的直接负责人，笔者是绝对不能容忍这种事情发生的。

那么安全气囊采用上方弹出的设置方式又会怎样呢？在这种方式下，安全气囊会从仪表板上面越过小孩子的头部向斜上方膨胀，也就是说它是从小孩子的头部和挡风玻璃之间的空间、从各个方向迅速膨胀开的，所以它不会把孩子弹飞到后车厢。安全气囊启动后，小孩子不会碰到从前面把自己推向座席的气囊，而会被从后方膨胀起来的气囊紧紧地推向仪表板。这样就与不安装安全气囊时一样，几乎不会引起致命性的伤害。

从技术的合理性来判断的话就没什么可讨论的了，只要采用上方弹出的方式就可以了。但是改动金属模具大约需要花费4亿日元。20年前的4亿日元是一笔巨大的金额。以"里程"的开发团队为首，负责开发和营业的董事都强烈反对，他们的理由是："我们无法认可这么大金额的费用。"

新型"里程"的项目确实是第一个在日本搭载副驾驶席安全气囊的项目，不过这只是从安全技术创新的角度来说的。如果从本田公司的角度来说，第二代"里程"的主要着眼点是全面改良。当然，项目的主角也是新车开发团队。他们也在非常地努力，能节省1日元就节省1日元。他们也有由于成本限制而忍痛割爱不能搭载的技术。对于从天而降增加的4亿日元成本，他们当然不可能欣然接受，不可能说"好的，明白了"就了事。就算他们认为副驾驶席的安全气囊吸引不了顾客也是理所当然的。

不过，为了不引起误解，笔者要强调一下：新车开发团队和董事们没有一个人认为安全气囊有可能造成小孩的死是"发生也无所谓"或者"发生也是没办法的"，技术员的伦理大家肯定还是要遵守的。

本田把"三个喜悦"和"互相尊重"（自律、平等、信赖）奉为自己的哲学，哲学的根本来源便是"为社会、为他人做有用的事"这一思想。对于本田的人来说，这些哲学和思想都像DNA一样流淌在每个人的血液中。无论经过了多少轮的推翻和商榷，都不可能有人会想"安全气囊致命"是可以被接受的（图8-2）。

如果从创造第1章里介绍的绝对价值这一层面来考虑也是一样的。安全气囊的绝对价值是减少事故引起的死伤人数。就算小孩子站在副驾驶席这种情况只是一种特殊情况，但这种有可能会杀害小孩子的装置能说是满足了绝对价值吗？答案当然是否定的。最后，问题就集中在花4亿日元来实现上方弹出的安全气囊装置究竟现实不现实。

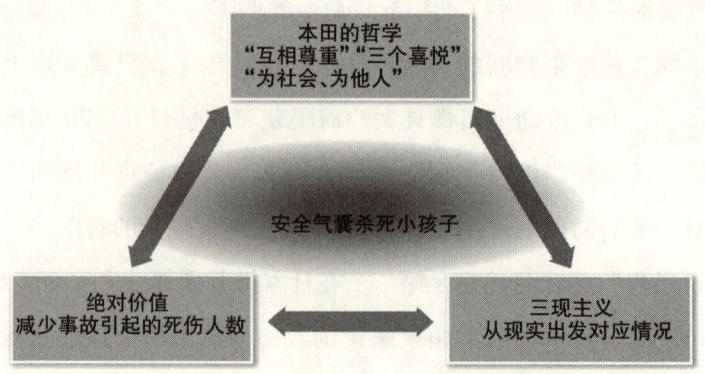

图 8-2 "本田的哲学""绝对价值"和"三现主义"的闭合循环

对于副驾驶席的安全气囊,本田内部从本田的哲学,绝对价值和三现主义这三个基准点展开了激烈的讨论。

创新所面临的现实

在上一章笔者曾提到过,三现主义要"在现场,看到现物,从现实出发做出对应"。也说过:"实际负责技术开发的人千万不可以过于执念于理想。纸上谈兵就住在理想的隔壁。"那么花4亿日元更改金属模具现实吗?难道不是纸上谈兵吗?

在这里笔者想让读者了解一下当时大家对安全气囊普及这件事的看法。现在,驾驶席和副驾驶席设置安全气囊是理所当然的,可是当时没有几个专家认为安全气囊能像现在这样普及。新的价值,越是新,就越难事先知道顾客的评价。专家们是基于过去的知识和经验来做出判断的,所以他们的意见是非常不准确的。

1987年发售的搭载副驾驶席安全气囊的"里程"受到了消费者们非常高地评价,顾客们都说:"我们买'里程'汽车就是因为它有副驾驶席的安全气囊。"因此"里程"的销售量也随之大幅攀升。但是,对副驾驶席安全气囊有质疑性看法的人也是有他们的根据的。第一,副驾驶席没有方向盘,乘客前面的空间较大,即使没有安全气囊也比驾驶席更加安全(图8-3)。第二,在很多情况下,副驾驶席是没人乘坐的。第三,在驾驶席和副驾驶席各安装一个安全气囊，成本会增加大约 100 万日元等。

8-3　驾驶席的安全气囊和副驾驶席的安全气囊的区别

副驾驶席没有方向盘，与驾驶席比起来，乘客前面的空间更大。

有很多人都认为装备了副驾驶席安全气囊的"里程"的销售台数一年也就 600 台左右（"里程"销售总台数的 1%）。如果要用三年收回金属模具的成本，那总额 4 亿日元的成本平均到每年就是 1.4 亿日元左右。成本除以销售台数 600 台，那每辆车仅金属模具的成本就要 20 万日元以上，搭载这种装置是不可能的。

而且前面提到过，当时国外销售的汽车上搭载的副驾驶席安全气囊采用的都是下方弹出的方式。所以还有人提议：目前搭载副驾驶席安全气囊的汽车比较少，可以使用不需要更改金属模具的下方弹出方式，再对购车者进行详细地说明，同时在车内增加提示来提醒使用者。只要三年后更改金属模具的时候再顺便改成上方弹出方式的模具就可以了，而且那时更新模具不会增加成本。

但是，我完全没有妥协的意思，因为我绝对不会制造杀人的装置，在这一点上我绝对不会让步。

在三现主义"在现场，看到现物，从现实出发做出对应"的行动指南的指导下，笔者几年前曾经到高速公路的服务区调查过究竟有多少小孩子会站在副驾驶席上。笔者发现小孩子乘坐副驾驶席的情况确实很少，但是乘坐副驾驶席的小孩子有90%都是站着的。不管是向顾客做详细的说明，还是在车内增加提示引起注意，也必须要想到最严重的情况。

把本田模式变成世界标准

之后还进行过很激烈的讨论，"里程"的开发团队也与我发过很多次火，我也与他们针锋相对毫不让步。过程中发生过太多事情了，以至于很多细节经过我都不记得了，但最终公司还是决定花4亿日元重新更改金属模具。之后，在1990年10月，搭载上方弹出方式的副驾驶席安全气囊的第二代"里程"终于发售了。

以下都是后话了，第二代"里程"发售一年零两个月之后，举行了底特律车展。在车展上世界各地的汽车制造商在展示自己公司的产品时都把副驾驶席的安全气囊作为汽车安全装置的卖点，而且所有的副驾驶席的安全气囊都采用了上方弹出的搭载方式。已经使用副驾驶席安全气囊的外国制造商也放弃了下方弹出的搭载方式，转而变成了上方弹出的搭载方式，可见我们所坚持的绝对价值受到了世界各国的好评。

第 9 章

异质性和多样性

{ 异质性和多样性会加速创新。
异质性和多样性是随心所欲的对立面。
你的想法是创新的出发点。

你怎么想，又想做什么

能够聚集异质而多样的人才，创新就更容易成功。人们虽然经常这么说，但要建立一个可以让这些人才自由行动的组织却非常难。很多上司都会说："你不要等着上司的指示，要自己思考如何做工作。"可是如果你的方法异质而多样，超过了他的容许度，他又会生气地说："为什么你不按指示办事！"组织有很多潜规则，规定了对异质性和多样性的容许限度。

可是创新所需要的异质性和多样性是远超过那个限度的。在此笔者想与读者们一起思考创新到底需要怎样的异质性和多样性。下面有一个本田刚刚加入汽车行业时在本田技术研究所发生的很有意思的例子。

魔界之境——技术研究所

笔者从早稻田大学理工学院毕业后，又去美国加州大学伯克利分校留学，取得了工学院硕士学位。我的专业就是汽车工程。当时去国外留学的人还很少，而且伯克利分校当时也是美国西海岸的名校。现在想来真是年轻气盛，不知天高地厚，笔者1971年加入本田技术研究所的时候，自负的觉得自己是带着美国最新的汽车技术和善于理论分析的思考方法来工作的，觉得自己脑袋聪明得很。但是一进公司，就发现那里和伯克利分校是一个完全不同的世界。

说实话，笔者当时对公司一点儿好印象都没有。那里的人说话很粗鲁，经常互相对着喊，吃饭的时候还吧嗒嘴。吃饭已经不是件简单的事情了，简直就是狼吞虎咽。说起话来很小气、贪婪又随心所欲。他们只做对自己有利的事情，不想做的事情压根儿一点儿都不做。在美国大家都叫我"Mr. Kobayashi"（小林先生），在本田技术研究所就变成了"喂，小哥"。穿衣服的品位就不用说了，反正都是和脱俗、雅致正好相反的品位。

异质性和多样性
異質性と多樣性

我的母校早稻田大学经常被评价为有在野精神①或不拘小节，早稻田大学确实有些这样的气质，不过比起本田技术研究所那群人的各种臭毛病和强烈的个性，简直不是一个级别的，对笔者来说本田技术研究所是个奇葩之地，更准确地说就是魔界之境。在这里根本用不上美国最新的汽车技术和富于理论分析的思考方法，我几乎想马上辞掉这份工作。

但是，工作了一段时间之后，我渐渐地感到这些在本田技术研究所里筑巢的异端分子在某些方面非常强悍。比如下面这件事，一次，我设计了一个安全带的样品，拿到了试制科。负责制作金属板的大叔问："你的 A00（本质的目标）是什么？"（A00 我们在第 3 章介绍过）我回答说："是提高性能，降低重量，减少成本。"结果大叔说："小哥，你说的都不对啊。你想在这三个方面做什么才是 A00 吧。你应该是想提高顾客的安全性吧？"

还有一次是我做车门强度试验时使用的治具②出现了错误。试制科送来的治具比我需要的尺寸大 5 倍，是因为设计的时候用错了缩尺。我向上司道歉说："对不起。我把缩尺用错了。浪费了不少钱，我用自己的工资一点一点还给公司。"但是那个平时我觉得毫无精英范儿、吃饭要发出声音的上司却轻轻地说："你也不是故意用错的，所以没必要道歉。谁都会犯这样的错误，前辈也犯过。只要不再犯同样的错误就行。"之后他也没有再提起这件事或责备过我。

在本田技术研究所，事情都是依照与早稻田大学和伯克利大学完全不同的价值观和原理来运转的。看起来说不上多优雅，可实际上是很高尚的。在本田技术研究所聚集了很多异端分子、古怪的人、能力出奇的人，他们多样的个性真是异彩纷呈。

哪里的湖有鱼

当时本田技术研究所的气氛在某种程度上来说是本田创业时期的神话。

---

①即自主自立的精神。——译者注
②治具是一个木工、铁工、钳工、机械、电控以及其他一些手工艺品的大类工具。

随着企业的成长，更多的"优秀学生"进入公司，"聪明又优雅"的人越来越多。但是本田在增加异质性和多样性方面有一套自己的方法，笔者将会在后面介绍。现在我们先来一起梳理为什么创新需要异质性和多样性。

在第2章中我介绍过"创新"与"执行"的区别。"执行"不仅包括像"计算员工薪酬"这种典型的固定业务，还包括汽车的全面改良等固定不变的业务，它占到企业活动的95%。更形象地说，"执行"就是"坐在有鱼的湖水前，寻找高效的钓鱼方法"。"执行"的目标既明确又有针对性，所以能够集中全力。"执行"的武器是分析和理论。

但"创新"是"在基本没什么线索的情况下，从寻找一片湖水、钓自己想钓的鱼开始"。"创新"需要调查很广阔的水域，所以靠分析是分析不过来的。在这种情况下就需要异质性和多样性来指出更多的可能性，发现"可能有鱼"的湖。

哲学支持异质和多样

图9-1展示了本田的异质性和多样性的模式。具体体现每个人特征的项目，如"兴趣""价值观""方法""知识"按层级分布的平面代表。平面上的箭头表示每个人在这个项目上的意向。

箭头的长度和方向区别越大，说明集中的异质性的人越多。异质性的人擅长的领域各不相同，所以他们如果能够聚集在一起，就有可能到更广阔的地方寻找有鱼的湖。他们的随机性比较强，所以如果顺利地找到了湖，有他们在，就能提出各种各样的方法来调查是否有鱼。

上面说的都是很普通的情况。在本田，异质性和多样性还有它更加独特的地方，那就是图9-1最下方的平面展示的哲学。

虽说本田重视异质性和多样性，但也不是说每个员工可以想做什么就做什么。只为了个人的兴趣或写学术论文而做研究的话，是办不了企业的。异质性、多样性同随心所欲可不一样。本田的人确实在"兴趣""价值观"等方面各执己见，但他们在哲学的层面，即本田的"三个喜悦"和"互相尊重

（自律、平等、信赖）"方面是绝对一致的。

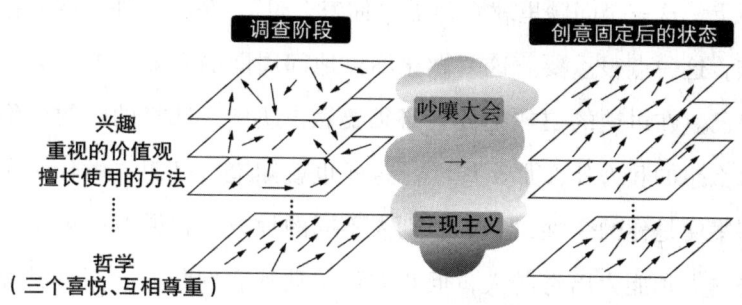

图 9-1 本田异质性和多样性的概况

有本田哲学这个坚实、稳固的基础，其他层面的自由度反而更高。只要不偏离哲学，就不会发生愚蠢的失败。正因为有不动摇的哲学，本田才可以准备一片天地让异质且多样的人才自由地发挥，才能在创新时充分发挥组织具有的异质性和多样性的强大实力。

把自己作为当事人来思考

我们进一步详细地来看，在创新的过程中，从需要反复实验的调查阶段到具体的开发阶段，开发团队的一致性会越来越重要。团队的全体成员必须以共享的开发创意为基础，团结一心，一起推进项目。只要创意定了，团队整体的方向就定了。大家或许已经注意到了，在本田，决定创意的主角是"吵嚷大会"和"三现主义"。先从多层面、大范围的异质性和多样性来探索创新的方向，再通过"吵嚷大会"和"三现主义"来总结创意，这样开发的资源就都集中起来了，这就是本田的做法。

最后，我来说明一下如何展开前面讲述的异质性和多样性。其实方法非常简单，就是反复地问："你怎么想？"例如在第 6 章里介绍过"吵嚷大会"的三个基本问题：

（1）你的公司（组织）的存在意义是什么？
（2）爱是什么？

（3）你的人生目的是什么？

实际上，这三个问题里就隐含了"你怎么想"。考虑每件事都要把自己当成当事人，这一点很重要。这么做比不停地问周围的人效果要更好。也可以自己问自己。在讨论的白热期或者必须要做出决定、选择的时候，你就知道自己是怎么想的和为什么那么想了。这样也就知道自己想要做什么了。这些问题的答案便是你的个性，是你和别人不同的地方。我说本田聚集了异端分子、古怪的人和能力出奇的人，但我并不是从外表判断的。源自灵魂的那种抑制不住的"我想要做这件事"的欲望，才是加速创新的异质性和多样性。

第 10 章 学历无用

{ 问题不是别人提出来的,而是自己找出来的。
创新并不是尽快找到唯一的正确答案。
你接受的教育会阻碍创新。

解决没有答案的问题

以前，笔者和经营学专业的老师聊天的时候忽然意识到："原来哪里都一样。"那位老师叹着气说："考试时要是出填空题，学生们会很高兴；要是出一些正确答案不唯一的问题，学生们的反应就非常不好了。"例如这样一个问题："某个从事制造业的组织没有领导，请问怎样才能提高组织的生产力。"

这个问题让人无从下手。"这个组织制造什么""是什么样的组织（成员的构成等）"，这两个条件不同，提高生产力的方法也不同。好像还有学生抱怨说："这个问题本身就不成立。"要解决这个问题，必须先自己假定条件，然后在假设条件下提出提高生产力的办法。也就是说，需要先决定问题，之后再进行回答。当然，答案也不是唯一的。

笔者之所以觉得"原来哪里都一样"，是因为某个大学的理工学院也有过同类的问题。那个问题比生产力的问题多少要招人喜欢一些，是在告诉了学生汽车事故发生的状况和原因等细节之后，问："请提出一个谁都没有想到过的、全新的安全方案。"可学生们的提案都感觉很眼熟，完全没有独创性。

进入社会后才懂得的事情

笔者给学生（包括研究生）讲授过很多以创新为主题的课程，学生的评价经常分为两个极端。现在大学在授课结束后会对学生做满意度调查，所以老师也能知道学生对自己的课评价如何。

对我的课，肯定有1~2成的学生给最低的评价，觉得在我的课上什么都没学到。而也总有40%的学生给最高的评价，觉得听了我的课之后茅塞顿开。在所有老师的课当中，对我的课的评价不是特别低，不过也算不上高。

这是笔者转到大学当老师没多长时间发生的事儿。看到这样的评价心情多少有点复杂，不过我也发现，给高评价的多是在职的研究生，给低评价的多是没有工作经验的学生。

在这里我又要重复说一遍了，创新的本质超越了理论和分析，也不知道是否有答案，而且它和爱、艺术一样，可以"感知"但无法用理论进行"说明"。但是，很多（没有过工作经验的）学生一直练习的都是如何尽快的找到唯一的正确答案。跟他们说："没有正确答案，也没有说明"，他们也不理解。但有工作经验的人在日常的工作中，已经知道了只靠理论公司是无法运转的，所以他们也切身感受过，没有正确答案、也没有说明，事情也还是要做的。

甜甜圈两人分

比如有一个给孩子出的分点心的数学题（图10-1）。妈妈说："这儿有四个甜甜圈，等妹妹回来了你们两个一起吃吧。"说完妈妈就出门了。那甜甜圈应该每人几个呢？从理论来考虑的话，四个甜甜圈两个人分，就是4除以2，每个人可以分到两个。完全简单明了，毫无疑问。

但是姐姐的肚子饿了，她可能会想："在妹妹回来之前我把甜甜圈都吃了吧。"等吃到了第三个，她忽然觉得不给妹妹留的话，妹妹太可怜了，所以就留下了一个，等妹妹回来时她们两个人一人吃了半个。这样，结果就变成了姐姐分到了三个半，妹妹分到了半个。这个答案虽然不是唯一的正确答案，但却没有错。

可能有人会抱怨说："这不是数学问题。"这与是不是数学问题完全没有关系。我更希望大家在进行创新的时候能够不受数学问题这个框架的限制。实际上这里又出现了一个新的分数，也就是1/2这个概念。这种飞跃的结果很重要。

在公司工作的人，经常可以看到人对甜甜圈（成果）渴望的模样。就算得到了甜甜圈，功劳也不是按贡献程度来分配的。有人会独占四个甜甜圈却装作什么都不知道，甚至还有人自己吃了四个甜甜圈之后还得意洋洋的跟别人说。如果是学校的考试题，就不用考虑这些事情了，而且考虑起来要花好长的时间，那就得不了高分了。在学校做的题和在公司面对的问题在本质上完全是两回事。

图 10-1　甜甜圈怎么分

公司并不一定是依靠理论来运转这件事和创新没有什么直接关系，但它们之间有共同点，就是它们都超越了理论。所以在职的研究生才会对笔者的授课产生共鸣。

还有一个和"分甜甜圈"完全相反的问题，就是盐水混合的问题。

用 5 秒钟解决的技术问题

据说要想考上"知名中学"，就必须在 5 秒之内解答盐水混合的问题。例如有 10 克浓度为 2% 的盐水和 15 克浓度为 7% 的盐水，把它们混合在一起之后得到的盐水浓度是多少？大家能在 5 秒钟之内回答出来吗？

一般人都会想，只要把两种盐水里面含有的盐总量计算出来，再除以盐水的总量，就能得到混合后盐水的浓度了（图 10-2）。但是这种计算方法要花费 5 秒钟以上。那么用 5 秒钟来解答问题的方法该登场了。两种盐水的浓度分别是 2% 和 7%，就画一条直线代表 2% 到 7% 的刻度。直线的最左端代表 2%，最右端代表 7%，把 2% 到 7% 之间的距离平均分成 5 个刻度，每刻度代表 1%。如果盐水的浓度都是 2%，浓度就应该在最左端 2% 的刻度上；如果盐水的浓度都是 7%，浓度就应该在最右端 7% 的刻度上；同理如果 2% 和 7% 的食盐水各占一半，那浓度就应该落到中间的 4.5% 的刻度上。哪个浓度的量更多，答案就更靠近哪一边。因为 7% 的盐水有 15 克，量更多一些。重量比是 10 克比 15 克，也就是 2 比 3，所以浓度会更靠近 7%。因此就可以得出答案为 5%。

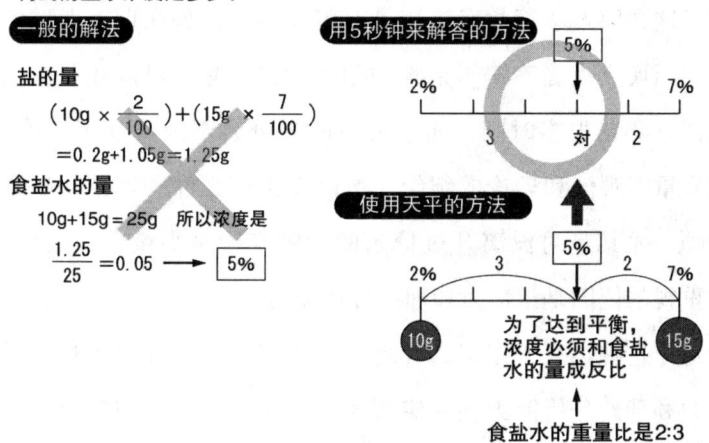

图 10 – 2 盐水混合问题的三种解法

用 5 秒钟来解答的方法是从同样具有线性特征的天平计算法置换而来的。可以用天平达到平衡的状态来判断混合后浓度达到稳定的状态。2% 的盐水有 10 克，7% 的盐水有 15 克，重量比为 2:3，浓度成反比，更靠近 7%。因此答案就是浓度在 5% 的时候天平会达到平衡。

用 5 秒钟来解答的方法利用了盐水混合后的线性特征，就是把具有同样线性的两种盐水置换到天平上计算。食盐水的重量可以看作是砝码，浓度就是砝码到支点的距离，两种盐水混合后达到稳定的状态，就是天平达到平衡的状态。

这种置换方法非常聪明。盐水混合和天平还有什么共同点呢（当然线性是它们的一个共同点）？如果大家的兴趣能就此展开的话就好了。不过这个希望很渺茫，因为上述解题方法的主旨就是用 5 秒钟找到答案，其他只不过是噪音而已。这种解题方法和分甜甜圈的解题方法完全是互不相容的世界观。

刚才说的食盐水浓度的问题是中学入学考试的例子，而大学入学考试基本上也是一样的。考试考查的都是学生是否能在很短的时间内高效的处理问题，所以重视的是学生的记忆力和理论分析能力。就算学生考试合格、高高兴兴地进了大学，但大学的考试也不会马上改变。所以学生总也锻炼不到如何找出问题、如何构思去解决问题、如何寻找解决问题的方法。这些内容都是对创新起到决定性作用的重要步骤。

我觉得这方面大学等教育院校是有责任的。比如在期末考试的时候，不出填空题，而换成正确答案不是唯一的问题，实际上难度还是挺大的。因为这样的题评分要花很多时间，而且最后的得分客观地看是否正确也很难说。大学是更看重客观性和理论的组织，所以超出客观性和理论来授课或者出考题，对老师，尤其是对没离开过校园的老师来说是很难的。最终结果就是，在大学被重视的依旧是记忆力和理论分析能力。

创新对于这种热衷于记忆力和理论分析能力的人才是不适合的。正确地说，记忆力和理论分析能力在一定程度上也是需要的，但只有记忆力和理论分析能力是不行的。只有不管失败了多少次、不管花多长时间都能不断挑战，去实现绝对价值，才能向创新一步步靠近。但现在日本的教育倾向于把这样的人排除在外，所以我才说学历无用。

一般的学历社会是根据毕业院校来决定你处于有利还是不利的竞争位置的。也就是说，只要能考进东京大学，以后就能有好前程。而学历无用的基础是摘掉有色眼镜，不按照毕业院校来评价人，而通过个人实力来评价人。但是，包括现在的本田，几乎所有的企业都还把记忆力和理论分析能力当作个人的实力。

但是和创新相关的工作，重视的是和记忆力和理论分析能力处于不同领域的能力。它已经破坏了毕业院校以及记忆力、理论分析能力的框架，比一般所说的学历无用更加深远。

明治时代的尾巴

当然，使用记忆力和理论分析能力在短时间内找出正确答案的能力对企业来说也是不可或缺的。不过这只是针对"执行"业务来说的。"执行"是不容许失败或延迟的。为了在竞争中取得胜利，"迅速、廉价"是绝对条件。

在这方面，短时间内找出正确答案的能力可以大显身手。希望大家还能回想起前面提到过的，"执行"和"创新"需要完全不同的价值观、实现方法和评价基准。

"执行"原本就是日本比较擅长的领域。最容易发挥这方面实力的时期就是在追赶先行者的时候，日本从明治时代开始一直都把追赶欧美当作自己的目标。日本的企业把欧美的产品拿来作为样本分析，再制造出比他们稍微先进一些的商品，以低价格、高品质为卖点销往市场。所以从那时开始，负责"执行"的人一直深受重视，日本的教育也是以培养能够胜任"执行"的人才为目标来不断完善的。可以说现在的教育还是拖着明治时代的尾巴。

但是现在的形势已经完全不一样了。日本企业的制造水平已经进入了世界的领先行列，在某些领域已经是世界第一了。但是并不能说日本就可以高枕无忧了。日本刚回过神儿来，中国、中国台湾、韩国等亚洲国家和地区就已经追了上来，很多新兴国家也都在慢慢地缩小与日本的距离。甚至在某些领域日本已经被这些国家超过了。很多日本企业都想通过强化"执行"来改变现状。

但是产生新价值的主力还是"创新"。不断强化"执行"虽然还是必要的，但要想保住日本在世界上顶尖的制造业水平，就必须要创造新的价值，为世界各国人民做出贡献，创造新价值最终也会强化企业的竞争力。

那么，企业有没有积极强化"创新"业务呢？笔者对此抱有非常强烈的危机感。以本田为例，本田一直以来非常注重"创新"，但现在不是已经开始向"执行"倾斜了吗！现在的本田，"老爷子"能进得去吗？大概他都无法通过笔试，可能在他之后的好几代社长才能通过笔试，可就算通过了笔试进了公司，也很难出人头地。因为前几代社长都是非常奇怪的人。可是我觉得最近几代社长都是以优异的成绩通过公司笔试的，而且给人的感觉是他们之后肯定能出人头地。可能有人会说："那只是因为本田已经变成大公司了。"不过可以说这个事实象征着日本企业已经发生了很大变化。

◎ 混蛋的一群人——工商管理理论的信徒

重视短期利益的美国式经营即便经过了雷曼危机也还是很受追捧。而被奉为神明的MBA（工商管理硕士），其信奉者也还是在不断的增加。MBA的目的是在实践中学习企业管理，在美国的商学院修完所有课程后就能拿到学位。实际上日本的企业高管很少有拿到MBA学位的，但MBA的价值观和行动模式对日本企业的影响非常大。

但是工商管理的理论在"创新"方面完全发挥不了作用。MBA是科学性的经营手法，它重视数据和效率，而挑战全新事物的创新根本还不存在相关的数据呢。工商管理理论可以发挥作用的地方是"执行"。本来"执行"也占到企业活动的95%，从公司整体的角度来考虑工商管理理论确实有用。但是如果把工商管理理论的应用到成功率不到1%、效率极差的"创新"上，所有的创新项目都会被砍掉，那后果就不堪设想了。实际上很少有人能理解这两者的区别，所以创新项目被砍掉的事儿随处可见。

这种情况下管理者一般都会问三个典型的问题："收益性怎么样""其他公司有什么动向"，还有"多收集些数据再说"。对于全新的事物你不可能知道它的收益性，而且如果是别的公司已经在做的事情那就不是创新了。另外前面也说过了，数据根本还不存在。大家在进行创新的时候一定要注意，你很可能会被问到这三个问题，因为答不好的话你的项目很可能会被砍掉。你们这些硬把工商管理理论用到创新上的管理者，都是混蛋！

第11章 规则和本田的惯例

{
规则最少化是创新组织铁的法则。

本田用"惯例"来加速年轻人的成长。

状况是经常变化的,所以要跟着变化不断修正规则。

减少规则以建立自律的组织

工作需要规则，但越少越好。大家同意这个观点吗？大家是不是还深切地觉得："不但规则要少，各种流程（指南）以及与其他部门的协调也是越少越好？"

技术开发的首要目的就是实现新的价值、让顾客高兴。那些不得不遵守的规则、没有必要的流程就因为写在了指南上就不得不做，所以大家都觉得技术开发才是主要工作，这些事情都是附带业务，甚至说是杂务。大家这么想也是可以理解的。

笔者在听人说到这种状况时，经常会标榜本田的做法——"规则最少化"。本田主张把规则和流程等尽量控制到最少的程度。下面我会就规则和创新的关系展开论述。不过，规则的定义非常复杂，这里没有考虑得过于严密，只是将其从广义上解释成流程等规定。

规则最少化

毋庸置疑，规则是不可或缺的。例如，汽车要左侧通行，工厂要严禁烟火，这些规则是绝对必要的。但是判断规则制定到什么程度，是一件很困难的事情。首先生产线的工作和营业是不一样的，就算同样是技术开发部门，大集团的商品开发和几个人做的基础研究对应的必要规则也是不一样的。昨天还很有必要的规则，今天就不需要了，这种情况也是有可能发生的。不过可以确定的是，一般来说制定规则的人"以防万一"的意识都非常强，所以规则和指南之类的东西经常会越加越多。

本来负责创新的部门就很容易受到规则的负面影响。笔者认为，为了消除这些不良的影响，没有必要对开发预算或某个具体的开发计划制定详细的规则来防止浪费或不端行为的发生。[①] 某个项目到底要不要做，当然需要进行

---

① 关乎到安全、法令法规、提高手边工作的效率和生产力的规则当然还是必要的。

充分的讨论，但是只要决定了，就要尊重现场的判断，在预算执行方面也应该适当的随之调整。在本田技术研究所，需要审批才能花钱进行实验和购买设备的时候，一般只要一个印章就可以了。虽说过去没发生过重大的判断失误或不端行为，也不能保证以后不会发生重大的问题，不过笔者认为只要在发生的时候来处理就可以了，因为过于细致的规则和创新是互不相容的。

中途的失败是必然的

规则的目的是保证业务的效率和提高生产力。除此之外，它还是附带着"惩罚"的"制约"，以此来防止"失败"的发生，以贯彻公司的"管理方针"。但创新是对未知领域的挑战，需要进行反复的实验，所以失败是不可避免的。相反，经历的失败越多，离成功就越近。害怕失败，或谴责失败的发生只能对创新造成阻碍。

另外，在创新领域也很难做到贯彻管理方针。创新和开发商品等具体的项目不同，大部分创新的成功率不到10%，实施期间长达10年以上，没办法制定合适的管理指标。因此，给创新制定具体、合理的规则本身就很困难，也就做不到面面俱到的管理了。

如果一定要用一般的投资回报标准来衡量创新的话，那很多的创新项目都会被砍掉。最典型的情况就是，像主任一样的专务董事正"大显身手"的时期，经常会发生项目被砍的事情。

董事最重要的工作就是做"大的方针决策"和"培养人才"。可是有的经营高管却对此完全不顾，他们滥用职权制定各种制度来衡量投资回报，详细地了解每个数字，执拗地追问每个数据的具体根据。大公司这样的高管尤其多。这种工作其实只要交给在现场掌控数字的主任就可以了。笔者觉得这种经营高管越来越多、越来越普遍，干脆给他们起了个名字叫"专务董事主任"。

研发预算的申请和分配等预算管理，按理来说应该由董事最终做出决定。要是不理解创新本质的专务董事主任负责这件事，那创新项目就会被一个一个的砍掉了。首先，业务部长和部长不得不直接向专务汇报详情，汇报的时候要看专务的脸色。其次，他们还要把汇报结果传达给科长和项目组组长，现场的氛围也随着低沉了。接着团队就会失去挑战创新的活力。

专务消除了研发过程中的浪费，完成了经费的大幅度削减，满心欢喜，其实他这么做正是扼杀了企业未来成长的萌芽。这么做从短期来看收支会有所改善，但没有为将来做好打算，路肯定会越走越窄。但是，等数年后影响已经变得很深刻的时候，那位专务已经退休不在公司了。当然，他也不会承担责任，这种模式在很多公司经常能见到。

在美国通用公司担任了20年CEO的杰克·韦尔奇曾作过一个很自由的规定，就是各个部门的秘书每周可以自己处理500美元以内的支出。当然，这个规定可能有私自购物或公私混淆的危险，但杰克·韦尔奇选择信赖秘书。结果，什么问题都没出。不仅这样，秘书亲身感受到了CEO的信赖，对公司的忠诚度反而有了大幅度的提高。笔者虽然对杰克·韦尔奇的很多经营方法都不赞同，但对这件事确实深深佩服。无论谁都是管理得越严越想偷懒，相反越被信赖就越有干劲儿。与其让员工按规则办事，不如让他们按自己的方式办事更容易出成果。

本田的惯例

当然，交给员工放手去做并不是说就可以放任不管了。本田有它独特的、与规则管理完全不同的企业文化和行事准则，可以避免浪费和擅用职权的发生，这就是之前介绍过的"吵嚷大会""三现主义"和"A00"，而且还有另外一个方法，就是"惯例"。比如，在本田有个惯例，就是在向管理层介绍产品或者汇报的时候，都由团队里最年轻的人来负责。在第1章中介绍过，笔者进入公司的第二年，就代表部门向当时的久米是志专务就"未来本田的产品安全战略"进行汇报，后来被专务怒骂一番的事情。尽管未来的产品安全战略是一个非常大的主题，但笔者作为新人代替前辈去汇报就是遵守了本田的这个惯例。

规则和本田的惯例

站在管理层面前做汇报，给年轻人的压力很大。但是从另一个角度来说，这也是个机会，让年轻人能把负责的项目当作自己的事儿来深入思考。如果团队所有成员都能很自觉的行动，为项目的成功而努力，那自然就可以避免浪费和擅用职权的发生。

在第9章里有件事，说本田的人总是会不厌其烦地问："你是怎么想的？"本田有个惯例与这件事有关。那就是在寻求别人的建议时必须要先说自己的意见，比如你可以说："我是如何如何理解的，但是和实验结果不相符。您有别的见解吗？"如果你不先说出自己的想法，对方就会反过来问你："你是怎么想的？"在本田大家都觉得和一个没有自己意见的人说话没什么意义，所以随随便便就提问题是不可以的。

这个惯例也可以起到让人把项目当成自己的问题来思考的效果。

这些惯例（既然叫作惯例，要说成是规则也不是不可以）比起所谓的规则，更能直接打动人心，能让人自发、自律地做事。在创新的过程中，与其墨守成规、执行规则，不如用这些更积极的惯例，效果反而会更好。每个组织的规则可以很好地反映该组织的管理水平。有的公司只是"不要在走廊里跑"的小学水平。对于负责创新的组织，需要根据该组织的特征制定合适的规则。

◎ 混蛋的一群人——死搬教条的人

规则本身是有目的的。比如工厂严禁烟火是为了确保安全，制定"工程标准"是为了提高生产力。但是不可思议的是，规则一旦制定出来，规则的目的就变成了遵守规则了。

尤其在按照规则进行管理的时候更是这样。让下属遵守规则变成了管理者的主要工作，管理层也只会盯着下属是否遵守了规则。当然这件事本身并没什么不好。另外，规则还有让人停止思考的副作用。一般人都会想："这就是规则，不管有什么理由，都必须要遵守。"如果规则制定得很恰当，这么想当然也对。

但状况是每时每刻都在变化的。面对新技术的登场、工作推进方向的变化，昨天还很合理的规则很可能已经变得没有意义了。修改规则都需要非常繁杂的手续，所以很多时候规则就那么放着，没有人去改。尤其在忙的时候，更容易放着不管。

那接下来会发生什么事情呢？越来越多的规则变得不合理也无法遵守，整个规则体系都会遭到轻视。如果必须要遵守的规则都被轻视了，就会引发重大事故。在很多情况下，人们都热衷于制定新的规则，却不愿意作废或者修改现有的规则。对必须要做出修改的规则视而不见的你们，都是混蛋！

第12章

创意和本质（一）：第五代『思域』

> 开发商品和技术最重要的就是明确创意。
>
> 创意就是基于顾客的价值观、从独特的角度捕捉到的事物的本质。
>
> 是否有趣是判断创意好坏的指标。

用桑巴舞造汽车

从本章开始到第 15 章笔者会介绍在实现新价值的过程中,对本田的创新和新车开发起核心作用的创意。创意的概念可以简单总结为以哲学为基础,以本田的企业文化和行事准则为力量,强劲推动新价值实现的作用。具体内容在本章的后半部分会有详细描述。创意的作用不仅对创新很重要,它对商品开发和生产改革也一样重要。可以说创意是创造价值的顶梁柱。

到巴西去看桑巴舞

第五代"思域"(1991 年发售)的创意竟然是桑巴(图 12 – 1)。桑巴是巴西具有代表性的舞蹈及音乐形式,大家可能看过巴西里约热内卢的狂欢节录像。

CIVIC SiR·II   1991.09.10

图 12 – 1   第五代"思域"的后视图

第五代"思域"是以桑巴为创意来开发的。比如汽车尾部的线条设计得非常有跃动感。

在开发第五代"思域"的时候,开发负责人伊藤兄(后来成为本田技术研究所常务董事的伊藤博之,我们与他关系非常好,所以亲切的称他伊藤兄)过来向我们非常兴奋地说:"下一代'思域'的创意是桑巴!"诚实地说,当时我完全不知道他在说什么,因为我觉得桑巴舞蹈与汽车没什么联系。

创意和本质（一）：第五代"思域"
コンセプトと本質①――五代目シビック

伊藤兄接着说："三郎（即笔者）你没见过真正的桑巴吧。从电视上看的不算数，必须要亲自去里约看真正的狂欢节才行。过了半夜12点，皮肤略黑身材高挑的女性，在大分贝的音乐中和耀眼的灯光下，狂热地扭腰摆臀。她们基本上跟没穿衣服差不多。你要不是亲眼所见，肯定无法体会。"伊藤兄的开发团队为了巩固他们的商品创意，亲自去了一趟里约参加狂欢节。

伊藤兄一直想要以桑巴为创意来开发下一代"思域"。只要想象一下跳桑巴舞的样子就能知道，跃动的设计和机敏的操作系统就是它能给顾客提供的最大价值。

创意孕育技术

第五代"思域"非常成功。汽车的大小只要决定了，基本构造也就决定了。有了操作系统和踏板，坐在座位上就可以驾驶了。在这些制约之下想要附加新的价值，一定要有创意。只要有好的创意，商品就会有自己独特的风味了。它的风味一定会传达给顾客，顾客也一定能有所感受。笔者和很多新车开发的负责人进行过讨论，他们一致认为："只要有完美的创意，好的商品和技术自然就随着来了。"

如上所述，决定创意是非常重要的。因此把桑巴作为商品的创意不是开发团队内部能决定的事，而应该由公司正式批准。想要得到正式批准，就必须向社长清楚说明，并得到社长的认可。第五代"思域"的开发团队也是在日本经过了反复思考之后，觉得"就是这个了"，才去里约看狂欢节的。有的开发团队还为了如何描述创意，开了三轮的"三天三夜"吵嚷大会。

那么，本田如此在意的创意究竟是什么呢？创意这个词经常被人使用，但笔者把本田的创意定义为："基于顾客的价值观、从独特的角度捕捉到的事物的本质。""顾客的价值观"正体现了本田哲学"三个喜悦"中的"购买的喜悦"。在创意中一定要把顾客觉得买的值得、买的满意的价值具体化。

创意中的"非常特别的角度"与绝对价值相关。如果和竞争对手之间的差距不大，马上就会被追上。一旦业界出现你追我赶、不断重复的局面，就会引起价格战争。但如果是从"非常特别的角度"得到的价值，短时间之内是无法被模仿的，而且还可以产生和竞争对手的根本性差异。因此创意是在"非常特别的角度"这一点上决定胜负的。

最后，创意最重要的是"事物的本质"。从根本上来说，创意就是事物的本质。那么我们就要接着问本质是什么。但对于这一点用一般理论是解释不通的。第五代"思域"的本质是桑巴象征的跃动感，但在下一章中将要介绍的安全气囊的本质却完全不同。也就是说，对于本质，要根据商品和技术的不同来具体问题具体分析。

实际上前面介绍的吵嚷大会、三现主义、学历无用和规则最少化等企业文化和行事准则都是探求事物本质的手段。

在吵嚷大会上三天三夜不睡觉连续讨论，人们对地位和名誉、财富和权力的执着已经消失了，必然就会开始讨论本质。三现主义重视现场、现物、现实，因为事物的本质就在这三"现"里。形式上的想法和制度会阻碍人去掌握本质，所以本田才废除了学历至上，而且把规则做到最少化。

但是，就算有这样的企业文化和行事准则，也不见得就一定能接近本质。最终也还是要技术人员真正使用这些方法，每个人都努力思考到底什么才是本质。总而言之，抓不住本质，就想不出好的创意，自然就无法开发出好的商品和技术。本田的企业文化和行事准则有助于帮助员工养成思考的习惯，能指引员工去思考什么，进而加速创新。

思考创意的窍门

抓住了本质后要升华到创意，就只能靠技术人员自己思考了。从笔者的经验来说，有一个窍门，就是想想这个创意是否有趣。

笔者认为"有趣"需要具备三个要素，即"本质的""独特的"和"积极的"。知道了本质之后，看待世界的角度都会从根本上发生改变；独特的视角可以强烈刺激人的好奇心。"本质的""独特的"这两点和创意的定义是重合的。"积极的"这一点就不用多说了，而且它还可以变成积极进取的原动力。换句话来说,"积极的"就是兴奋不已的昂扬情绪。

　　因此大家在考虑创意的时候可以稍作停歇,想想你的创意是否有趣。如果无趣的话,那你的创意就没戏了,最好从头开始重新考虑。但是,如果你自己觉得你的创意很有趣、很开心,你还会兴奋不已的告诉别人,那就证明你已经找到了某个突破口,只要毫不犹豫地继续前进就可以了。

　　创新不是对现有技术的改良和改善,而是一次大幅度的飞跃,实现绝对价值的过程。改良和改善只要依照经验并以经验为基础就可以完成,它只是现有技术的延伸。但要实现飞跃就要靠创新,不能拘泥于经验,而需要飞跃到一个未知领域的勇气。本田如此重视创意,就是因为在挑战创新的时候,创意可以打出猛烈的一击,突破技术的限制。

第13章 创意和本质（二）：阿波罗计划

> 创意看起来是很陈旧的说法，但意义深远。
> 没有当事人意识的人是无法理解创意的。
> 创新的创意各式各样，绝对没有相同的。

"完全不知道你在说什么"

只用桑巴这一个例子，大家可能还不能完全理解创意是什么。课题不同，创意也各式各样。下面给大家介绍一个与桑巴相对照的创意例子。就是笔者和同事一起负责开发的安全气囊的创意。

安全气囊最大的问题是什么

在汽车上搭载安全气囊的提案，直到最后几乎所有的本田董事都反对，就算不反对，但也算不上赞成。安全气囊开发的16年中，这个情况一直没有改变。安全气囊的开发大约进行到第10年时，我们准备向经营层汇报项目的基本创意了。这时笔者已经成为了开发负责人，而且已经花了半年时间来考虑安全气囊的技术创意了，但还是没有能完完全全抓住本质。为了找到探寻本质的突破口，笔者决定先听听大家为什么反对。

大家是不是担心安全气囊正常启动会导致驾驶员流鼻血或鼓膜破裂什么的？不对。这确实也是应该考虑的问题，但如果这样能提高驾驶员得救的可能性也是值得的。我思来想去，最后终于得到的结论是：大家更担心安全气囊会不会爆炸、能不能正常启动。如果事故发生时安全气囊不启动，那它就没有什么存在的意义了。相反，如果在正常驾驶的过程中气囊被错误的启动了，那大家又担心会不会由此引起重大的事故。不管发生哪种情况都关系到本田公司的存亡。所以，大家非常害怕爆炸和不启动。

这确实很恐怖。我也打心底里这么想。实际上后来第一批搭载安全气囊的日本汽车——"里程"汽车发售时，我已经做了所有开发负责人能做的事，也深信安全气囊的可靠性坚如磐石，但在相当长的一段时间里，我还是很担心安全气囊会爆炸或者不启动。

减少损害也是价值

本来安全气囊是一个最好不要用到的特殊装置。笔者把创意定义为："基

创意和本质（二）：阿波罗计划

于顾客的价值观、从独特的角度捕捉到的事物的本质。"对顾客有价值的东西不仅是增加顾客利益的东西，还是减少顾客受损的东西。汽车对顾客来说最大的受损之处当然就是事故了，所以安全气囊的价值就是尽可能地减少由于事故而产生的损害。

但是如果安全气囊不能正常启动，那就谈不上减少损害了；如果安全气囊发生爆炸，别说减少损害，还会产生新的损害。安全气囊的爆炸和不启动是摆在我们眼前的根源性问题。

因此，安全气囊的技术创意必须是能减少气囊意外爆炸和发生事故时不能启动的方法。但是就算向别人保证"安全气囊的技术创意具有很高的可靠性"，也没什么说服力，因为这种说法只是普遍的说法而已。

于是我继续思考，终于有一天我一下子想到了创意。爆炸和不启动是系统故障，也就是技术故障。那"技术的故障可以用技术来解决"。这不正是安全气囊的技术创意吗？不久，向经营层汇报创意的那一天就到了。

给经营层作的报告，社长也会出席。当然事先我已经做好了功课，知道都是哪几位负责的董事参加。当我说道："爆炸和不启动是技术的故障，所以可以通过技术来解决"时，社长很无奈地说："小林，你怎么经常会说一些别人无法理解的事情呢。"不明白的人确实无法理解我在说什么。

确实从常规来想，有时技术的故障是可以通过技术来解决的，但有时也解决不了。但是笔者在这里想说的是：安全气囊绝对不会违反自然规律。既然不是不可能的，那我们的开发团队一定能想出办法来。这种志向正是推进创新的原动力。这一点非常重要，所以我还要再强调一遍，这种志向是"创新"与"执行"最大的区别。

我们再回到报告会，当时的久米是志社长听了前面我的汇报内容之后，坐着抽着烟，什么都不说，思考了40分钟之后他说了一句："确实如此。"创意就算被批准了。

创意不是个死板的题目，它是让人能想到具体方法的动态观点，而且创意中还包含个人的想法，从结果来看知道是正确的，却无法用理论来证明它为什么正确。怎么可能证明"用桑巴开发汽车"和"技术的故障可以用技术来解决"是正确的呢？但是对于当事人来说，创意揭示了开发的本质，把正确、具体的观点共享给了大家。

向把人类送上月球的"阿波罗计划"学习经验

安全气囊的技术创意要翻越的下一座大山就是确立一个提高可靠性的创意。安全气囊故障率的目标是，在汽车的使用期间之内故障率低于一百万分之一。也就是可靠性要达到 99.9999% 以上。这相当于 100 万台汽车行驶的 15~16 年内（当时汽车的平均使用年限），最多只有一辆车的安全气囊发生意外爆炸或者发生事故时不启动的故障。

因此只要把故障率在千分之一以下的两个系统组建成一个冗余系统[①]就可以了，而且我们还要真正实现系统故障率在一百万分之一以下，并检验是否能达到这个标准。提示我们如何才能实现这个目标的观点，就是提高可靠性的创意了。

为了确定这个创意，我访问并请教了许多大学教授，还有全日本的很多可靠性工程学的专家。结果我得到的反馈有实现故障率低于一百万分之一的重要统计学条件，还有关于浴盆曲线的解释，但是这都是教科书上的内容（图 13-1）。我问他们现实中应该怎么来设计故障率低于一百万分之一的系统，他们就都沉默不语了。当时日本还没有一个专家实际做过提高可靠性的设计。

笔者调查了世界范围内的可靠性设计，发现只有一个先例，就是首次把人类送上月球的美国阿波罗计划。该计划把关乎人命的事故发生的概率降低到了一百万分之一以下。于是我联系了当时参与该计划，而且还参加了后续航天飞机开发工作的美国麦克唐纳·道格拉斯公司（当时简称为麦道公司。1997 年被美国波音公司合并）。于是麦道公司的航天部门专门为我们设立了一

[①]冗余系统：为增加系统的可靠性，采取两套同样独立配置的硬件、软件或设计等，一旦其中一套系统出现故障时，另一套系统能立即启动，代替工作。——译者注

个进修项目。

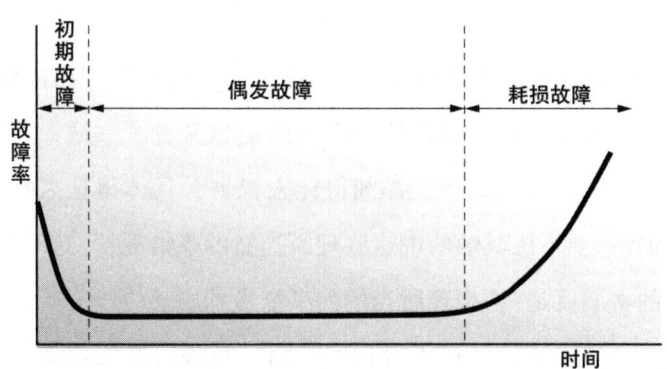

图 13-1 浴盆曲线

多数产品的故障都会经历上图中的曲线变化。最开始会经历由制造阶段的缺陷引起的初期故障，但随着产品工作时间的增加，故障率将随之降低。但是随着时间的推移，由磨损、疲劳引起的故障又开始慢慢增加。这条曲线和浴室里的浴盆横截面的形状很相像，所以被称为浴盆曲线。浴盆曲线在 20 世纪 80 年代是可靠性工程学的基础。不过，就算知道了浴盆曲线，也无法回答如何设计出实际的提高可靠性的项目。

笔者带着开发团队的一个人，还有总公司负责管理产品质量的部长，去拜访了麦道公司。那是 20 世纪 80 年代中期左右，进修期限为两周，但实际上只有工作日，所以就只有 10 天了。我们到达之后，就有 20 多个博士出来，负责人介绍说："这是负责培训的同事，今天是这三位，明天是这四位……"之后这 20 多人就轮流培训了我们 10 天。

和我同行的两个人都是故障分析的专家，他们学到了很多基于具体数据进行的分析实际故障的方法，比如：这个构造的机械零件的故障率是多少多少等。而笔者的第一要务就是总结创意，但很可惜，我完全没有得到一点儿线索。那么我在那 10 天里学到了什么呢？其实他们说的和之前日本的那些没有过实务经验的老师们说的一样，基本上没有什么新东西。提高可靠性的奥秘和诀窍，麦道公司也没有。结果还花了我们 4000 万日元的进修费，1985 年的 4000 万日元可是相当大的金额。

本田规定大家要在出差回程的飞机上写报告。在麦道公司的研修内容写起来倒是非常顺畅，但最后的总结我却怎么也写不出来。我写不出来提高可靠性的本质，想不出提高可靠性的创意。就这样，时间都浪费在最后的总结上了。

还有1小时就要到达日本成田机场了。我重新看了一遍自己的笔记，麦道公司的人确实和日本的专家说的一样。但是我又看了一遍，发现麦道公司的培训内容非常的详细、具体，详细得让人惊讶，具体得让人吃惊。我忽然想："他们为什么要不厌其烦的说这些理所当然的事情呢？"这时我才意识到，提高可靠性的本质就是："把理所当然的事情做到底。"

我把这一点当作结论写在了报告的最后。在去研修之前就定好了，回来之后我要向久米社长汇报，因为是向社长作汇报，所以那次我也事先和负责的董事就汇报内容进行了商榷。听了我的结论，董事说："哎？'把理所当然的事情做到底'，就这一句话啊？你就为了这一句话花了4000万日元？"我好不容易才找到核心的创意，想得到些反馈，可是这位董事却完全无法领会。

之后，在社长报告会上，久米社长还是与上一次一样，抽着烟，沉默不语地思考了40分钟，最后说了一句："确实如此。"

把修理费用从10亿日元降到80万日元

把理所当然的事情做到底，这个创意让我们在后来的工作中受益匪浅。

本田发售搭载安全气囊的汽车三年后——1990年11月，我们忽然发现供应商下游的零件厂商制造的气体发生器有缺陷。气体发生器是安全气囊的核心零件，当汽车受到外力严重冲击时，气体发生器会把安全气囊里面的火药（这种火药同样应用于航天领域）点燃，引起化学反应，迅速释放大量的氮气，膨胀气囊（图13-2）。气体发生器要上下扣压组装而成，但在某一个时期，零件厂商制造的气体发生器的某些部分扣压得不够紧密。

在美国的亚利桑那州等地，夏天的气温会超过体温，达到45摄氏度左右。如果车里一直开着空调还好，但如果刚开上车，空调制冷还没能让车内温度降下来的时候就发生了冲撞事故，高温会导致火药更快的燃烧，气体发生器里的膨胀压力也比平时要高。如果气体发生器是按照设计要求制造的，这种情况下也不会有什么问题，但如果气体发生器扣压得不紧密，那金属零件就有可能松动并飞向车内乘客的脸部，所以我们必须更换这个零件。

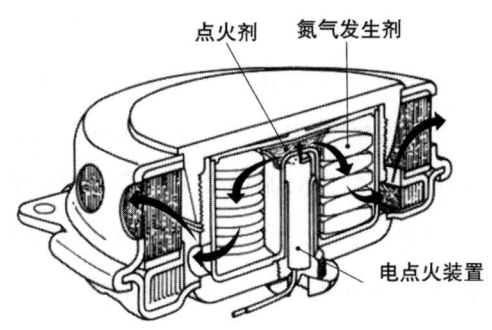

图 13 - 2 气体发生器的构造

火药爆炸燃烧后产生大量的氮气，瞬间把安全气囊膨胀起来。

在日本销售的、可能搭载了有缺陷的安全气囊气体发生器的汽车大概有 5 万台。遇到这种情况公司一般会联系这 5 万名车主，请他们开车到经销店来，然后把安全气囊分解开，确认气体发生器的制造编号，如果是有缺陷的零件，就更换成新的。

但是安全气囊里有火药，所以分解起来不是很容易。分解不仅需要特殊的工具，而且如果有静电的话很可能会操作失误、启动点火装置，因此必须把汽车放在防静电的屋子里，穿着防静电的工作服再进行操作。当时仅更换费用这一项每台汽车就要 2 万日元。需要更换的汽车有 5 万台，所以更换费用总额高达 10 亿日元。

不过最后所有的实际费用加起来才花了 80 万日元。为什么会这样呢？因为我们对安全气囊的主要零件都做了追踪处理。具体的说就是把安全气囊的主要零件都贴上条形码，并一个个读取了下来。这样就能知道搭载了需要更换气体发生器的汽车的车体编码，直接就可以确认购买了这些汽车的顾客是谁。实际上，在日本需要更新气体发生器的汽车有 12 台，本田用了 1 周的时间就完成了更换工作。本田总公司的品质负责常务山田建已直接给我打来了电话说："小林，你做的追踪系统真厉害！本来预计要花 10 亿日元的更换费用只花了 80 万日元。这样相当于是赚到了，你可以拿着差额的 9.992 亿日元去喝酒了。"

可惜我是个不会喝酒的人，平时也只喝乌龙茶和健怡可乐，怎么能喝完 10 亿日元呢，后来我听说久米社长也为这件事高兴得很。

建立追踪系统的费用是 6000 万日元。最开始我们没想到安全气囊能那么迅速的普及开来，所以计划每天只制造 2~20 个，但只为了那么几个零件就建立一个 6000 万日元的系统，正常情况下显得有些荒谬。但是在"把理所当然的事情做到底"的创意指导之下，我们还是实施了这个计划。因为无论哪个零件出了故障或缺陷，都可以通过这个系统来追踪到具体的零件，把损失降到最低。正因为我们按照创意把事情做得如此彻底，才能在那次意外事件中以较小的损失就安然度过了，可见创意的影响力是多么的广。

◎ 混蛋的一群人——抱着急功近利的思想是无法创新的

各位读者您的公司还没引入成果主义吧？如果已经引入的话，全部创新肯定都会停止。

我是本田技术研究所同时入职的同事当中升职最慢的。我的同期一般35岁就都当上科长或主任研究员了，但是我到了40岁还没当上。在升到主任研究员之前，我终于按捺不住，并在发年终奖的时候我去找了老板。我向老板说："我觉得自己有些地方必须要改一改了……"可老板听了我的话却说："不，你现在这样就挺好。"这种情况下如果我接着问："可是与我同期的同事相比，我怎么升职升得这么慢啊？"估计老板会回答："啊，你嘛。因为你没什么成果啊。"大家肯定觉得这个老板很混蛋吧。这么一来，就没人愿意做长期研究了。

成果主义适合汽车销售之类很明确显示出个人成果的工作。"执行"也是在工作过程中积累成果的业务，所以可能成果主义一引入就能发挥很好的效果，但是把成果主义引入创新中可不行。因为创新基本上不是成功就是失败。而且花了10年最终还是失败的例子也屡见不鲜。

从10年前开始，成果主义慢慢在日本推广开来，但我没听说过推广得很顺利的例子。这几年又改成重视团队合作、评价具体流程了，但这些方法都从本质上与创新相背离。因为创新在最终成功之前等于没有成果，所以就更没办法对创新进行评价了。你们这些用成果主义来评价创新的人，都是混蛋！

第14章

创意和本质（三）：语言的力量

{ 创意如果不能用明快、简洁的语言表达出来，那就还没有完成。

一般的交流活动只能传达想传达内容的64%。

用大和语言来思考更容易抓住本质。

进行技术开发前应该做的事

我们继续创意和本质的话题。在这一章里我们从另一个角度出发,就是语言的角度。

我们经常把负责本田公司研发的本田技术研究所叫作"本田语言研究所"。因为从这里进入技术和汽车的研究之前,我们经常要花好长时间围绕着语言这个话题进行讨论。前面我也曾介绍过,有的开发团队会为了决定用什么语言来表达新车等商品创意,就举行了三轮的三天三夜的吵嚷大会。而且这里的人对语言一定会纠结到底。所以我们为了调侃本田技术研究所研究的不是技术而是语言,才给它起了个名字叫"本田语言研究所"。

用明快的语言来表达

最开始笔者看着前辈们围绕着语言讨论不休,心里总是想:"别总讨论语言的问题了,赶紧做技术开发吧。"因为我觉得那么做是在浪费讨论的时间。但是没多长时间我就意识到自己的这种想法是不对的。如果创意错了,或者语言表达得不明确,那技术开发很容易就会遇到难题,开发团队的意见也很难达成一致。结果就会做很多无用功,技术开发也难以推进。

一般人都会觉得创意的内容最重要,而用什么样的语言来表达关系并不大。但是这种想法是非常错误的。在本田,如果不能用明快、简洁的语言来表达的创意是不被接受的。[①] 只有落实到语言,创意才算完成了。

为什么一定要坚持这样做呢?理由主要有两个,第一个理由是落实到文字可以加深开发团队对自己的理解。不能简单明了地说明创意就意味着对自己的理解还不够。创意不明确,就无法决定技术开发的方向。因此,创意一定要尽可能的精练,并用明快、简洁的语言表达出来,团队的各位成员更要

[①]虽说如此,可也没必要把创意一字一句丝毫不差的背下来。创意确定了之后,重要的是把创意的内容共享给大家,文字本身就不再是本质了。但是在决定创意内容的时候还是要慎重斟酌用词的。

从骨子里理解创意。

第二个理由就是落实到文字可以加深开发团队的沟通。开发新车的工作需要很多专业技术人员来共同分担，因此一定要加强沟通，明确每个人应该做的事情。而且，纯粹的技术开发要通过反复地试验来一点一点锁定技术创意，在这个过程中强力有效的沟通是不可或缺的。在这两种情况下，沟通都会加速创意的确立，一旦创意被确定了下来，沟通也会进一步深化，可见两者之间是互补的关系。

力求表意完整

笔者认为在技术开发的过程中应该充分认识到语言沟通的重要性。日本社会的同质性很强，暧昧的文化让人倾向于希望在沟通时心有灵犀、不用什么都说得一清二楚。所以日本人不太适应明快表意这种沟通方式。正因为这样，我们才要有意识的提高沟通能力，把想要表达的事情准确无误地传达给对方。

从笔者的经验来说，就算是以合理性为基础的技术开发工作，在沟通的过程中说话人也只能把自己想要表达的内容的80%传达给对方，而对方也只能明白说话人所说内容的80%。80%乘以80%，结果只有64%的内容成功的从说话人传达到听众。在传话游戏里几个人接龙传一句话，经常会发生沟通无法正常发挥作用的情况（图14-1）。

因此，为了确保技术开发现场沟通的准确性，需要做一些准备工作。在本田，最有效的准备工作就是前面提到过多次的吵嚷大会。我曾经介绍过，吵嚷大会是员工从平时的工作中彻底脱离出来，通过三天三夜的讨论，来掌握思考方法的道场。吵嚷大会的作用不仅如此，它还是成员提高对语言的敏感度、磨炼传达和接受等沟通能力的道场。

在吵嚷大会上经常会被问道："你是怎么想的？"回答时你必须用自己的语言来表达自己的想法。如果你说出来的是普遍的观点，就会有人说："这个说法我好像在哪里听过。"一旦你的说明越来越长，就会有人接着问："你能用一句话来概括吗?"通过这样的过程,人的沟通能力可以得到很好的锻炼,沟通的基本功慢慢地提高,传达率(实际传达出去的内容与想要传达内容的比例)也会大幅度提高。当然,吵嚷大会不仅是提高能力的道场,也是确定创意的重要场所,每次要决定创意的时候一定会召开吵嚷大会。

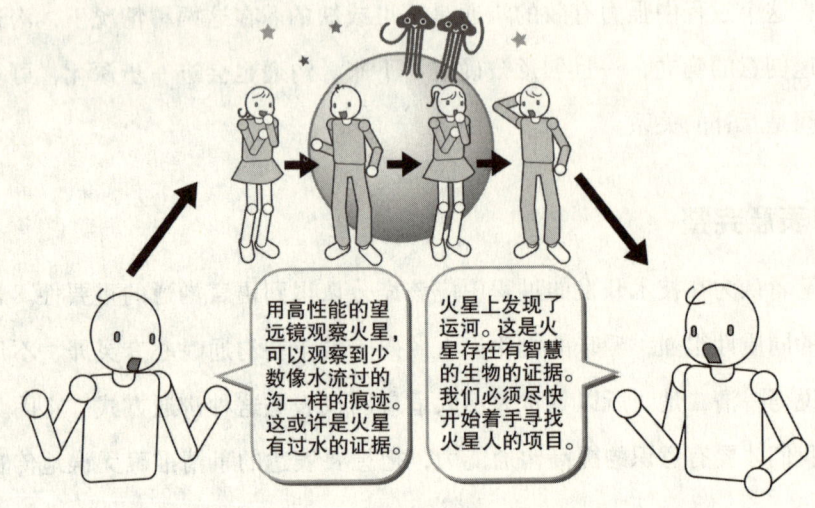

图 14-1 一般的沟通只能传达 64% 的内容

在传达率只有 64% 的传话游戏中,话传到 5 次,传达率就会降到 11%。

只要确定了创意,沟通起来也会顺畅很多。因为团队成员能够以共享的坚实基础(创意)为前提进行沟通,所以噪音很难掺杂进来,错觉和误解也被消除了。吵嚷大会锻炼出来的成员能在明快的创意之下进行沟通,沟通的传达率可以高达 95%~98%。只有团队所有成员达成共鸣,团队才能真正的成为一体,所以说创意是构筑最强团队的原动力。

用自己的语言探究创意的本质

在第 12 章里我介绍过思考创意的三个窍门是考察它是不是"本质的""独特的""积极的"。实际上还有另外一个窍门,就是不要用汉语或外来语,而要用大和语言来思考。这个方法在思考商品创意时特别有效。

有一种观点是:英语里没有"清高"这个概念,因此英语里也就没有对

创意和本质（三）：语言的力量

应"清高"的单词。我曾经想用英语说"谦恭"这个词，于是就查了一下电子词典，结果出来的竟然是"small"。谦恭与small的意思完全不一样。

我说几个随便想到的大和词汇："慈しみ""触れ合い""粋""さすが""めりはり""絆""もてなし"。① 从这些词大家就能理解，大和语言里包含着日本人特有的价值观和世界观，它可以用很简单的词语表达出无可替换的深意。大和语言已经很自然地渗入到我们的心里和身体里了，它不是借来的语言。它甚至无法被翻译成他国语言，所以自然是独特的、本质的，而且积极的内容也比较多。

在独具特色的大和语言中也包含着通用于世界的价值观。而且我们日本人又是本家，在探寻什么是价值的时候处于有利的地位。例如"わび・さび"，② 大多数日本人多少都会懂得。在京都安静的寺庙，蔓生苔藓的庭院里，听着竹筒敲石的声音，自然就能体会到"闲・寂"的世界了。这要比用横着写的外文思考创意更容易开拓思维。本田从30年前开始，就经常会在思考创意的时候使用大和语言。

当然，并不是所有的创意都能用大和语言来表达。第五代"思域"的商品创意是"桑巴"，提高安全气囊可靠性的技术创意是"把理所当然的事情做到底"。这两个创意都不是大和语言。尽管如此，我们还是会感觉创意的核心中有大和语言的存在。

"桑巴""把理所当然的事情做到底"，还有大和语言。希望大家能够感受到这其中语言的落差、距离感和多样性。不用借来的语言表达项目的创意，也是抓住语言本质的过程。

从全力思考创意、用语言表现创意这一点来说，本田技术研究所确实是本田语言研究所。

---

① 依次为（名）慈爱、（名）接触、（名）精髓、（副）不愧、（形）一板一眼的、（名）羁绊、（名）招待。——译者注

② わび・さび（侘・寂）是日本传统艺术，茶道，俳句等所追求的美的终极境界。わび（侘）原指远离尘世，索居禅林的孤寂，表达一种澄澈、沉静的氛围，是茶道大师千利休所追求的茶艺境界，而さび（寂）指"寒""贫""凋零"，是松尾芭蕉所追求的俳句的理想境界。两者都追求简洁之美。

◎混蛋的一群人——"锻炼吧！肌肉体质"

有一个概念与"创意"很相似，就是"口号"。查一查词典就可得知对"口号"的定义是："简洁的表达团体和运动的目的和主张的语句、标语。"确实和"创意"很相似。

但是很多口号和标语都太粗制滥造了，根本没能发挥它们应有的作用。我在进行演讲的时候拜访了很多工厂和研究所，经常能看到用海报张贴出来的口号。创意不需要张贴在引人注目的地方，但是口号越引人注目越好。在这些口号中有一个是"锻炼吧！肌肉体质"，还是用巨大的横幅贴出来的，我看到时已经无语了。我明白这句口号大概是想说：摆脱无用的脂肪，把自己锻炼成行动灵活的运动体质。这句口号本身无可厚非，只是把这句口号写在大横幅上贴出来会有什么效果呢？

这句口号最大的缺点就是不够积极。创意的好坏可以通过是不是"本质的""独特的""积极的"来判断。口号也一样。每天看着这条写着"锻炼吧！肌肉体质"的横幅，会有人真正积极地想："好的，就这么办吗？"估计觉得"多管闲事"的人更多吧。至少我是没法儿产生什么热情。

而且这句口号也不够"独特"，它只是把一个很普通的话题原原本本的说了出来。读起来没什么感觉，内容也好像在别处看到过。"锻炼吧！肌肉体质"虽然不是创意，只是口号，但这个例子也可以算作是一个典型的例子，证明了借用别人的语言表达出来的创意完全无法打动人。你们这群用借来的语言随意写口号还自我满足的人，都是混蛋！

第15章 主管和上司的眼力

> 对创新的深入思考就是要掌握商品和技术的全貌以及核心的本质。
>
> 深入思考是孤独而无聊的苦差事,唯有意念能够支持人不断的重复这项苦差事。
>
> 把意念和深思熟虑联结在一起是上司的职责。

第三代社长久米的魔力 40 分钟

之前我一直在强调，有没有"意志"是决定创新成败的关键。但是"意志"这个词很空洞，把创新的成败托付在这样空洞的一个词上妥当吗？

创新可能很长时间都出不了成果，而且还是一项很孤独的工作，所以没有强烈的意念是很难坚持下去的。对这一点大家应该没有什么异议吧。但空有意志，却丝毫推进不了技术开发的情况也是有的。为了避免这种情况的发生，一般人都会说，只要尽可能多地收集数据，进行理论分析，导出正确答案就可以了。如果再聊下去的话，就要说有效率的收集数据、对数据进行理论分析的能力有多么多么重要了。但是挑战未知领域的创新本来就没什么数据，想分析也是不可能的。结果就又兜回到技术人员的个人意志上了。这是一个堂堂正正、无可诟病的循环。

本田在创新过程中，改变了想法的出发点，很成功的逃出了上面的循环。这个出发点就是，（创新的时候）不着眼于理论和分析，从一开始就把意志放在中心位置，彻底消除意志中暧昧的成分，把意志引向明确的、正确的方向。创新要踏足未知的领域，是不知道正确方向的，所以正确地说，不应该是"把意志引向正确的方向"，可能说"通过深思熟虑找到探寻正确方向的方法"更合适。关键就是要把意志和深思熟虑联结在一起。负责把它们联结在一起的应该是上司，最终来说就是公司的高层管理者。

想法会通过眼睛表达出来

在开发安全气囊的 16 年间，我连续不断地被问到这个问题："安全气囊的价值是什么？"不仅我的直接上司，就连本田技术研究所的实际最大领导久米是志（当时的本田专务董事，后来的第三代社长）还有"老爷子"都会反复地问我这个问题。

对于这个问题，我总是回答："安全。"

于是又被接着问："安全有什么价值呢？"

我继续回答："世界上每年有10万人、每天有将近300人因为交通事故而死亡。有了安全气囊就可以挽救很多生命，我们必须要做这件事。"

我经历过好几次这样的对话。

还有人与我分享过当时最新的观点，比如对丈夫的人身安全进行问卷调查，结果"妻子最担心的不是丈夫生病，而是交通事故"。虽然每次讨论的内容都不同，但最根本的安全气囊的价值都是一致的。

听了我的答案，我的直接上司、久米专务还有"老爷"子都会认同地点点头，说一句："是嘛。"现在回想起来，他们可能并不关注回答的内容，他们主要是为了观察回答的人的眼睛。观察其眼睛就可以知道，开发团队是否已经抓住了创意，是否在积极地推进项目，最重要的是可以知道开发团队是否从心底里想要做这件事。这些问题都是本质问题，所以回答的人想蒙混过关是不可能的。例如在一次给久米专务作的报告会上发生过这样一件事。

被问"然后呢"是最惨的

当时在本田技术研究所，每项技术开发的关键阶段都要向久米专务报告。久米专务的判断决定着技术开发项目的命运，所以报告会是一场真正的战斗。

久米专务一般在听了负责的技术人员的说明之后，都会一边抽着烟一边沉思40分钟。不可思议的是，每次都是40分钟。然后他才会慢慢地开口说话。包括笔者在内的技术人员都把这40分钟称作"魔力40分钟"。最惨的情况就是被久米专务问"然后呢？"从始至终都在讲自己如何分析收集到的数据的人，一般都会被这么问。久米专务问这句话的意思就是："你的数据分析我明白了。那你们有什么创意，有什么方向性吗？我想听的是后者。"可是作报告的人已经把准备的内容都说完了，没有什么追加内容好说了，所以就会觉得久米专务是在说："这次报告我什么都没得到。你们这些人究竟在干嘛啊？！"

笔者也在一次报告会上向久米专务说明了安全气囊初期阶段的概念，当时还没有安全气囊的试制品。那次报告的题目笔者已经忘记了，只记得过了魔力40分钟，久米专务忽然问了一个和报告题目没有关系的问题：

"小林，汽车安全的基本要素是什么？"

我事先没预想到会被问这个问题，所以根本没有准备。我只好当场努力地思考，回答说："我就自己负责的安全气囊相关的耐冲击安全来回答。"我先把问题引到自己的专业领域，之后进行了如下说明。

耐冲击安全的最大目的就是保护乘客（图15-1）。因此，首先要用车身和架构来保护乘客。车身和架构由两部分构成，一部分是受到冲击后容易垮塌的部分，另一部分是确保乘客空间、不容易垮塌的核心部分。

图15-1　耐冲击安全的三要素

发生冲击时，车身和架构、约束装置、缓冲装置是保护乘客的基本构造。

其次，需要约束装置。约束装置指的就是安全带和安全气囊等，它们负责把乘客固定在汽车的核心部分，也就是为了实现约束功能而设置的装置。没有约束装置，乘客就有可能会撞到方向盘或者仪表板上，最坏的情况就是乘客被甩到车外，这样乘客就会面临更大的危险。

最后，就是缓冲装置。约束装置不可能做到完美，所以乘客还是有可能会撞到方向盘或者仪表板上。以防万一，要把方向盘或者仪表板这些装置的表面做成有缓冲性的，这样就可以吸收一部分冲击力了。综上所述，"车身和架构""约束装置""缓冲装置"这三点就是构成耐冲击安全的要素。

我好不容易得出了这个结论，不过也不是非常有信心。耐冲击安全虽然是我每天从事的专业领域，但在没有时间准备马上回答的情况下，很有可能会漏掉了什么重要的要素。所以我心里非常不安，就怕被久米专务问"然后呢?"久米专务当时应该是看着我的眼睛听我回答的。

但是久米专务没有问"然后呢?"不过他忽然眼睛一亮，问："小林，第四点是什么啊?"

我觉得自己已经行至山穷水尽之处了。我发挥了自己的所有知识和经验，好不容易才答上了三点。可是我却不能咬定肯定没有第四点。我只能束手无策的站在原地。片刻之后，久米专务又接着问了下一个问题：

"小林，第五点是什么呢?"

我真的是缴枪投降了。我连第四点都说不出来，正冥思苦想呢，哪里还能答上第五点呢。报告会场一片寂静，时间也仿佛停止了。

之后，久米专务又开口说话了。原来事情到这儿还没完。

改变观点从侧面、从上面都可以

"这三点，是在同一层次上的吗?"

这个问题的意思是：以上三个要素在重要度上有没有区别。形象地说，就是横向看它们的高度有没有区别。如果高度相同，那么重要度也相同，优先度自然也一样。但是如果高度有很大的区别，那就必须要优先最高的那个要素了（图15-2）。当然，这个问题我也没答上。接着久米专务还问了一个问题：

"这三个要素是完全独立的现象吗?"

这个问题我还是没答出来。这个问题问的是三个要素从上面来看，会构成什么样的三角形。如果是正三角形的话，说明三个要素是独立的，可以单独立项来解决。如果其中两个顶点靠得比较近，那这两个要素就要放在一起来解决了（图15-3）。也就是说，各个要素的重要度和独立性是决定技术开发方法的重要指引。

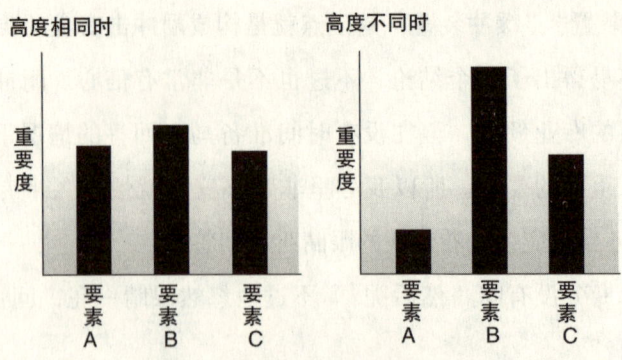

图 15-2 技术要素重要性的图示

如果高度相同，就需要按照相同的优先度来推进（左）。如果高度有很大的区别，那就必须要优先推进最高的那个要素。要把握各个要素的高度也不是一件容易的事，需要仔细深入地思考。

最后久米专务有些愤怒地说："你对安全，还是一无所知。"

报告会结束后我前所未有的沮丧，不过也有巨大的收获。我终于对"什么是深思熟虑"有了具体的印象。当时我没有太多的时间思考，但过后想来，久米专务当时是故意唱了一出黑脸儿。

我最开始回答的三个要素是写在课本上的标准答案，把这些内容背下来也只算是知道了浮在表面的东西，换句话说就是不懂装懂。本质是在水面底下的。如果只捞到了这三要素就觉得如获至宝、满载而归了，那就永远都找不到真正的宝贝了。

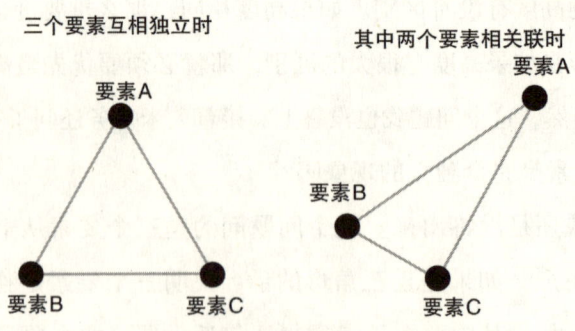

图 15-3 技术要素独立性的图示

如果三个要素是互相独立的，就会构成正三角形（左），可以单独立项来解决。如果其中两个顶点靠得比较近，那这两个要素就要放在一起来解决（右）。有四个要素的时候就可以用四边形。

创新中的深思熟虑就是要考虑到无数个要素，把重要的融合在一起，把重复的部分剔除，最终总结出几个本质的要素。

对于耐冲击安全的要素，如果是通过深思熟虑想出的三个要素，就能马上回答出"第四个要素是什么""重要性"和"独立现象"的问题，而且还能回答得很轻松。深思熟虑就是掌握安全耐冲击的全貌，以及其核心的本质。通过深思熟虑想出的全貌和本质，可以导出前面重复过多次的创意。

但是思考是孤独而无聊的苦差事。在本田，我和很多担任重要项目经理（Large Project Leader，LPL）的技术人员讨论过，他们都一致认为："在自己的一生中，没有比做 LPL 的那段时间深入思考的次数更多了。而且可能再也没有那样的机会了。"笔者也完全认同。唯有意志能够支持人不断的重复这项苦差事。意志不是空洞的、表面的东西，而是植根于内心深处、给创新提供源源不断能量的灵魂之泉。笔者也是在刚才的那场报告会上才学到了这一点。

在给久米专务做汇报之前，我一般都会很忧郁。不过我偶尔也有满怀信心的时候，那就是我找到了非常准确的创意的时候。

例如我在第 13 章中介绍过的，当我找到了安全气囊的技术创意"技术的故障可以用技术来解决"，还有找到提高可靠性的技术创意"把理所当然的事情做到底"的时候。只要能抓住明确的创意，无论什么问题都是来者不拒。但是，你抓住了明确的创意时，久米专务却不问问题了。经过魔力 40 分钟，久米专务只会说一句："确实如此。"

这就是主管和上司必须有的眼力。

第16章 自律、平等、信赖

> 在创新的过程中,技术人员必须自律。
>
> 在技术面前,没有什么职位高低,每个人都是平等的。
>
> 要实现自律和平等,必须彼此信赖。

如果我说让你去死

本田技术研究所以前曾经和一个行业完全不同的 A 公司合作，交换彼此的研究员。两个公司都会选 7~8 名年轻的中坚技术人员，派遣到对方公司学习两个月。也就是去体验一下"别人的铁饭碗是什么样的"。

结果这个项目非常失败，派遣到对方公司的技术人员都非常不满地说："完全无法工作。"结果这个项目只进行了一周就中止了。失败的理由也非常新奇。从 A 公司派遣到本田技术研究所的技术人员不满地是："指示太模糊，完全不明白要干什么。"然而从本田技术研究所派遣到 A 公司的技术人员不满的却是："告诉我干这个，干那个。净是些细小繁杂的指示，完全无法工作。"双方的不满正好相反。

在本田，"自律""平等""信赖"所构成的"互相尊重"，是本田哲学的两大支柱之一（图 16-1）。这不是一句口号，而是渗透到每个本田人灵魂的精神。但是自律、平等、信赖只是一般性的概念，解释概念本身，估计读者也不太好理解概念的本质。下面以笔者的经验为中心，来举例说明一下本田的技术人员是如何在实际行动中运用这三个概念的。

互相尊重

- 自立
  自立就是不被既成概念所束缚，可以自由地思考，坚持自己的信念，带着主动性行动，并对行动结果负责。
- 平等
  平等就是认可彼此的个人差别并彼此尊重。而且，对有意向的人，给予相同的机会，不会因为个人的属性（国籍、性别、学历等）而区别对待。
- 信赖
  信赖就是每个人彼此认可，互相弥补不足，尽诚意发挥自己的作用。本田公司希望每位员工都能保持互相信赖。

图 16-1　本田在自己的公司网站上也在宣传互相尊重的哲学

互相尊重是本田哲学的两大支柱之一。第一点最初定为"自律"，而现在本田公司网页上已经改成了"自立"。在本书中还是沿用"自律"。本田哲学的另一大支柱是第 4 章介绍过的"三个喜悦"（制造的喜悦、销售的喜悦、购买的喜悦）。

最开始就要下定决心

交换派遣研究员是与自律相关的一个例子。本田在推进技术开发时，很多事情都是技术人员自己定夺的，要做什么一般也都由自己决定。这就是本田所追求的自律。本田的技术人员会在各种各样的场合接触到自律、平等、信赖这条生动的哲学。而受到这条哲学影响最大的是就是刚入职的时候，最初的感觉就像被当头一棒，笔者也有过这样的经历。

那是笔者刚入职不久参加的第一次吵嚷大会。参加的人当中只有一个人看起来年纪很大，于是我问前辈那个人是谁。结果前辈告诉我说是董事，董事只是很平常的与周围的人进行讨论。周围的人也是，如果与董事意见不同，就会不留情面地反对。在几乎所有的日本企业，只要职位差着两个层级，就不能进行讨论。比如年轻员工可以与主任讨论，但科长下的指示就只能完完全全地遵从了。但是在本田，讨论的时候是不分上下级关系的，也就是说，每个人都是平等的。

忽然，那位董事点了我的名，不太高兴地说："你是小林吧。你到现在还一直没有发言呢。你要是不说话，就给我出去。"

确实像董事说的那样。我完全被吵嚷大会的激烈程度、讨论展开的速度和毫不犹豫道出自己想法的气氛给压倒了，一句话也说不出来。被人指出了弱点，我也焦急得很，只好尽力参与到一些讨论当中去。为了尽力多发言，我就说了很多"我也是这么想的""我好像听说过"之类的话。过了一阵子，那位董事又说："小林，你现在能说出一些意见了，还不错。不过你要么是赞同别人，要么是说一些在别处听到过的事情，而且还很无聊。"这一句话顶的我什么都说不出来了。他的意思就是："你没有自己的意见，也就是说你这个人不自律。"这对我来说真的就像挨了当头一棒。

类似这种事情还有很多。在我还年轻的时候，我们6~7个人开了个吵嚷大会，之后去向经理汇报结果。好几个同行的人都得到了经理的指示，只有我自己什么指示都没得到。于是我去问经理："我从明天开始应该干什么呢？"

经理看了我一眼，说："小林，如果你是经理，你会让年轻人做些什么呢？你自己想想，明天告诉我结果。"

我回去想了三个题目，还收集了一些资料，第二天去找经理。经理根本看都没看资料，也没有意思要听我说明。直接说："嗯，好的。既然题目都定下来了，你为什么还不开始着手干呢？"经理的意思就是，课题都是要自己来找的，这也是本田要求员工自律的例子。

发挥从"老爷子"那儿继承来的"DNA"

如上所述，本田技术人员在自律方面受到了彻底地锻炼。例如，"老爷子"培养出来的那一代本田人都知道一句名言，就是"如果我说让你去死，你就真的去死吗"。这句话经常出现在下面的场合。在技术开发的过程中，有可能上司会出一些主意，比如"这么做怎么样"之类的。就算是上司的主意，也没有必要全都照着做，有道理的事情当然还是要做的。但做了不见得结果很理想。上司也不一定能记得他说过的话，所以当他知道失败了的话，一定会问："你为什么要这么做？"这时如果你回答："就是您说要这样做我才这样做的啊"，那上司就会用前面那句话冲你发火了。上司会说："你是因为我说的就做了？如果我说让你去死，你就真的去死吗？"

上司为什么会这么生气呢？那是因为你对上司说的话毫无判断就直接执行了，这是不被允许的。上司并不是要把失败的责任推给下属。如果你回答："我觉得您建议的这一点可行性比较高，所以就试了试，结果没成功"，那上司是绝对不会发火儿的。

这两种回答最大的区别就是负责人有没有加入自己的判断。前者是"上司怎么说他就怎么做"，后者是"经过自己判断之后才做的"。上司是要看负责人是否能做到自律。

另外，这件事情还涉及平等的思想。把上司的主意当成命令并毫不判断地去执行，显示出了非常明确的上下级关系。相反，判断了是否妥当之后再做，就不存在上下级关系了。上司的主意是几个选择之一，也会被平等地对待。本田有"在技术面前人人平等"的传统，就算职位高，也不能强行的推进某项技术。判断技术优劣的标准只有一个，就是它是否能给顾客提供新的价值。而且为了做好实际的判断，自律和平等的土壤是不可或缺的。

"如果我说让你去死，你就真的去死吗"之类的话，应该是"老爷子"原来说过的话。好几位前辈都用这句话骂过我。除了这句话，还有很多"老爷子"说过的话都还"活"在本田。

最后就是信赖。本田的人都很讨厌委婉的表达方式。他们说话也不会分真心话和场面话。这种沟通方式可以保证想要传达的事项能够很准确地传达出去，而且听话的人也不用思考多余的事情。因此在本田"揣测别人的心思""探探对方的口风"等所谓的"高级谈话技巧"都没有用武之地。

之前我曾经介绍过，在把安全气囊推向实用化的项目上，我对负责的董事解释说："这项技术的创意是——技术的故障可以用技术来解决。"那位董事很吃惊地说："你经常会说一些别人无法理解的事情。"他的话里完全没有斥责和讽刺的意思，他只是想说"无法理解"，再没有其他意思了。在本田经常能听到有人互相怒骂"混蛋""滚出去"，外部的人都以为他们在吵架呢，其实他们只是在讨论。所以在本田，人和人之间是没有感情上的隔阂的。

本田人能说真心话表达感情、进行讨论的最大原因，就是他们彼此信赖。在为顾客制造好汽车、好摩托车这一点上，大家的想法是一致的。因此大家能够彼此信赖。自律、平等、信赖不仅在创新领域发挥着巨大的作用，它们更是从根底上支撑着本田的哲学。

◎ 混蛋的一群人——暗中拖后腿的人

在本田没有真心话和场面话的区别，同事在沟通的时候基本上没有压力。尤其对于表示过赞成的事情，之后是绝对不会出来阻挠的。要反对的话当场就会反对，所以绝对不会有人在不相关的问题上进行报复。

不过我从本田退休以后，接触过很多组织，其中的大多数组织在沟通时都不知道对方的真实想法是什么，在这种沟通方式下工作压力非常大。一般来说社长等经营高层都会很明确地发表自己的意见，但他们下面的专务和常务那一级的真心话和场面话经常差别非常大。其中最让人不爽的就是暗中拖后腿的人。我没有真正遇到过这样的人，不过在和其他企业接触的过程中经常能听到这样的事情。比如，有人说："有些人说话的时候还满脸笑容、随声附和，过后却在暗地里阻挠。"可是你又不知道是谁在暗地里阻挠。

那些人为什么要暗中阻挠呢？我倒是有一点发现。在"市场份额降低""销售额没有提高"等业务停滞或缩小的状况下，这种人就会在暗中活动了。也就是说，当他们没有更积极的应对办法来为顾客提供新的价值或提高销售额的时候，就只能拖同事的后腿来拉开差距了。但这些事情不是什么光彩的事情，所以他们都是在暗地里做的。如果人人都这么做，那这个组织很快就会倒台了。

创新的目的就是创造新价值，新价值可以打破业务停滞或缩小的状况。越是情势严峻的时候越需要创新。在这种情况下还要阻挠，实在是于心不忍。暗中阻挠创新的人，都是混蛋！

第17章 年轻人的潜力

> 挑战创新,年轻是一个很强大的优势。
> 技术开发碰壁的时候正是机会到来的时候。
> 对年轻的技术人员委以重任,他们能更快更好地成长。

上到二层,拿走梯子

本田的技术人员一副"啊,被骗了"的表情,说了一句:"我上到了二层,结果梯子被拿走了。"

本田在 2009 年 2 月发售的混合动力汽车"音赛特"① 的开发负责人关康成就遇到过这样的事(图 17-1)。他在接受《日经制造》② 杂志采访时说:"我上到了二层,不但梯子被拿走了,就连地面都被点着了火。我就只能(向着目标)往上爬了。"③关康成的压力源自项目开发初期的 2006 年。2006 年 5 月,当时的本田社长在记者见面会上宣布:"本田会在 2009 年发售价格实惠的混合动力汽车。"就这样,社长在还没什么眉目的阶段就宣布了发售期限,连价格也都定下来了。

图 17-1　本田的混合动力汽车"音赛特"

音赛特起价 189 万日元,是当时混合动力汽车中最便宜的。

绝对不放弃

在本田经常会发生类似的事情。每遇到这种情况,负责人都会一脸绝望

---

① 车名,Insight。——译者注
② 《日経ものづくり》杂志,日经 BP 出版社发行的月刊,主要为日本的制造业技术人员提供信息。——译者注
③ 《日经制造》2009 年 3 月刊从第 85 页开始的特集《为什么能够创造新技术 本田的秘密》中介绍的内容。

地说:"梯子被拿走了……"不过在这里我要强调一下,本田的负责人虽然被"拿走了梯子",但绝对不会有被背叛的感觉。

一般来说,遇到"梯子被拿走了"的情况,人都会觉得对方骗了自己,或者给自己设了个陷阱。一个典型的"梯子被拿走了"的情况大概是这样的:有人最开始说了很多好处来诱惑你,一旦你同意了,就发现面对着很多艰难险阻,而拿好处诱惑你的人却翻脸不认人,变得极其冷淡,他不会给你任何支持,完全背叛了你。但是在本田,"得不到任何支持"这一点是一样的,可"被背叛的感觉"却大不相同。所以"梯子被拿走了"在本田有着它特殊的意义。

只要你有40%的能力就让你做

在本田有个传统,只要你有胜任某项工作的40%的能力,就会让你去做。等员工已经有100%的能力那花的时间就太长了,而且也无法期待员工会在这项工作上有所成长。只要有40%的能力,就能在工作的过程中成长为具有100%能力的人,这样能更快地培养人才。所以在本田经常会让员工做一些超出自己实力的工作。而且上司也不会手把手的教你,一般都是让你自己好好思考、自己做。从另一个角度来看,这就意味着年轻人也可以担任项目负责人。在本田的传统里,公司很相信员工,特别是年轻人的潜力,并且给予员工很大的自己裁夺的权利。

这种企业环境对创新来说尤其有利。创新以失败告终的可能性非常大,成功率最高也就在20%左右,一般的成功率还不到10%。也就是说,创新多是高风险、高回报的项目,可以说这样的工作正好适合年轻人。除了少数的例外,一般人都是年纪越大越不愿意承受风险,而且经过长年积累下来的专业知识也会阻碍人去承担风险。有经验的专家确实有丰富的知识,但这些知识都是过去式的。创新不是对过去已有的技术进行改良,而是要挑战未知的领域,所以过去的知识起不到什么作用。

有经验的专家受到过去式的知识地阻碍,很难客观地考虑技术,他们首先会倾向于思考技术无法实现的理由。在前面我也曾经提到过，对把安全气囊推向实用这件事，本田相关的董事和主要技术人员基本上是全体反对的。对创新来说，不怕风险、不带技术偏见的年轻技术人员是绝对不可缺少的力量。

年轻技术人员一旦被委以超过自己能力范围的重任，就会有很强的自豪感和责任心，意识到目标之高，而且成败全都取决于自己，马上就会觉得是："我上到了二层，结果梯子被拿走了。"由此可见，在本田"梯子被拿走了"就是信赖年轻技术人员的潜力并委以重任的方式。笔者在进入公司的第二年就成为了汽车侧面冲击安全的项目主管，当时领导可能也是觉得："这个小伙子大概不能马上完成项目，不过可以让他锻炼锻炼。"

幸运的技术人员

工作只要交给了你，上司就不会插手了（也不会支援），这是本田的传统。在安全气囊的开发初期，技术上的课题总也解决不了，我就去找我的上司——主任研究员商量，听起来可能很傻。结果上司微笑着拍着我的肩膀说："三郎（即笔者），你可真是个幸运的技术人员啊。"上司说出的我之所以幸运的原因，可是我闻所未闻的。"技术上的问题，不单单你有。我们的竞争对手可能也有。如果你能挑战成功、最终解决的话，我们就可以用你发明的技术制造非常棒的车，顾客也会高兴。本田卖这款车也会赚好多钱。而且，你也可能会升职加薪。可谓一箭三雕。说实话，我都觉得你这个小子实在是太幸运了。我才真的烦恼呢。"

这段闻所未闻的话却有着不可思议的作用。我从此变得更加积极，在项目碰壁时会想它大概是机会。这个变化是非常重要的，出现问题时，与其徒然烦恼，不如积极一点，把它当成是机会，这样想结果就会很不一样。我在正式着手安全气囊设计和制造之前思考如何才能提高耐冲击安全性时就是这么做的。要提高安全性，最基本的就是增加汽车的重量。但是汽车开发团队是非常讨厌增加汽车重量的，他们都已经在以克为单位减轻汽车的重量了，所以讨厌也是必然的。因此，对于产品安全部门的提案，其他部门一般都是总体上同意，具体全反对。受不受欢迎只要看对方的眼睛就明白了，所以我看到大家的反应后心情很不好。

但是我努力地不去想这些，让自己积极起来，结果真的就想到了新的点子。我想到可以把没有耐冲击安全功能的发动机和轮胎等部件作为加强部件利用起来。现在来看这个做法是理所当然的。不过在当时，能这么想还是很新颖的。如果人被困在一个小空间里是很难有这些新想法的。向前看，看到希望之光，体内才会产生想要解决问题的能量。在本田虽然得不到上司的支援，但只要是合理的项目，还是可以得到其他部门的协助的。

"你价值 500 亿"

虽然得不到上司的支援，但偶尔还是会得到鼓励的，就是在你真的非常低落的时候。

负责长期的技术开发项目，完全不知道什么时候才能成功，也看不到未来。所以会有非常低落的时期。就在这个时候，我很偶然地和一位董事聊了一下。我发牢骚说："就这么干下去，也不知道会不会有成果，心里挺没底儿的。"那位董事一直看着我的眼睛说："三郎，你今年多大了？""27 岁了。""我，都已经快 50 了。我虽然没什么钱，但如果能回到你这个年龄，让我花 500 亿日元我也会花，年轻就有这么大的价值。可你怎么还说那些没用的话呢。你总给自己找这些借口，就会一直无所事事，一生就过去了。你想这么过一生吗？"

40 年前的 500 亿日元是相当大的金额了。当时的我当然没有 500 亿日元的价值。这段话说的是潜力，如果能把潜力全部发挥出来可能会有 500 亿日元，不过如果不利用的话就什么也得不到。我听后受到了非常大的鼓励，豁然开朗。我不能为了没用的事儿徒然烦恼、浪费时间。我决心踏踏实实地做好自己能做的事情。

我不止这一次从前辈那里听说"幸运的技术人员"和"500 亿日元"的

故事。他们年轻的时候也有人与他们聊过好几次,而且每次有关"幸运的技术人员"的谈话都会有"一箭三雕"的桥段,谈年轻的价值时也总是500亿日元。所以这两个典故大概都是出自"老爷子"说过的话。

"老爷子"一直都对年轻人非常期待,而且也能很好地帮助年轻人挖掘潜力,所以才有这么多的本田技术人员上到了二层,又被拿走了梯子。

第18章 说服

> 创新可实现的价值的重要性，一般在初期阶段都不被理解。
>
> 需要说服各种人去理解这个价值。
>
> 在说服别人的时候，必须要相信自己开发的技术的价值，而且要以整个人格来担保。

那就只能辞掉本田的工作了

创新实现的新价值的重要性，一般很难被别人理解。尤其是开发中的还未完成的技术，就更难让人接受了。

安全气囊的价值是在发生事故时有效保护乘客，减轻身体上的伤害。不过只有在安全气囊推向实用又发生了事故之后人们才能真正了解它的价值。在开发阶段，安全气囊不过是画在图上的饼而已。安全气囊最大的风险就是前面提过的不启动和爆炸。如果事故发生时安全气囊不启动，那搭载安全气囊就没什么意义了。如果再发生了爆炸，反而容易引起交通事故。安全气囊的不启动和爆炸可能会引起社会问题，甚至殃及公司使其倒闭。

技术上的完成度越高，上述的风险就能降得越低。我们在把安全气囊推向市场的阶段，把安全气囊在汽车的平均寿命期间内的故障率降到了一百万分之一以下。我们对安全气囊的可靠性是非常有信心的，不过让没有参加过安全气囊技术开发的人和我们一样有信心是很难的。所以说服别人是非常重要的，这不仅对安全气囊的研发非常重要，在实现新技术和新价值的时候，开发技术人员都要去说服各种各样的人。说服别人时，靠知识和技术是没有用的。开发技术人员必须要相信自己开发的技术的价值，而且要以人格来担保。

在开发安全气囊的时候，我有过两次拼死说服别人的经历：一次是开发已经进行了大约十年、正面临项目被砍掉的危险之时；还有一次是安全气囊推向实用化之前在美国进行车队实验的时候。下面我将介绍的是车队实验的事情。现在回过头来看，那次的事情是安全气囊推向实用化的漫长过程中最大的一次危机。

不再需要安全气囊了

那是1985年1—2月发生的事。当时本田预计在1987年6月在北美发售搭载可选装备——安全气囊的里程汽车,事情就发生在发售的两年半之前(图18-1)。当时技术开发已经进入了最后阶段了,但究竟是否搭载安全气囊还是悬而未决。笔者和团队成员为了让大家最终认可安全气囊的可靠性,计划在美国进行车队试验。

车队试验就是很多汽车一起在公路上行驶的试验。我们的那次车队试验安排了100辆搭载了安全气囊的汽车,请美国的本田汽车公司的销售人员来实际驾驶。在当时的日本,膨胀安全气囊用的火药和炸药一样,属于危险物品,是火药管制法的管制对象,所以我们不可能在日本国内进行车队试验。要在美国进行车队试验,必须要美国的本田汽车公司帮忙才行。为了取得他们的帮助,我去了美国。

图18-1 搭载安全气囊的第一辆日本"里程"汽车

安全气囊是作为可选装备搭载的"里程"汽车,1987年6月在北美发售,同年9月在日本发售的。照片是日本国内发售的里程汽车。

当时美国的本田汽车公司的老总是雨宫高一(本田后来的副社长),他对我的态度特别好。他说:"您是研究所的同事啊。您姓小林?谢谢您的辛勤工作,都靠研究所开发出来的好汽车,我们销售才有这么好的业绩。"他的态度非常谦虚。

我想遇到这样的人应该很好说话,所以也放心了不少。他很仔细地听了我的需求,但最后非常严厉地拒绝说:"美国人是不会买安全气囊的。"

雨宫先生非常自信自己是最了解美国顾客的。安全气囊在启动的时候会爆炸式的膨胀。如果不了解安全气囊的构造，谁都会觉得它非常危险。雨宫先生说："这么危险的设备，在美国是卖不出去的。"

他可能也是考虑到如果在车队试验中发生不启动和爆炸的情况，会对本田在北美的销售台数有巨大的影响。如果本田进行车队试验，会引起全世界的汽车厂商、美国的相关管理部门还有各路媒体的关注。一旦发生了不启动和爆炸的情况，就会成为大新闻。

拿出你自己的武器

对此我只能沉默。我回到日本，在本田技术研究所向研究部门的负责人下岛启亨汇报了事情的经过。然后下岛说："啊，是这样啊。然后你就放弃了？那安全气囊就算完了。"我问："那怎么办啊？"下岛回答说："只能你再去一趟了。"

现在想来，要是当时我把这件事推给上司自己逃了的话，可能一辈子都会一直逃避下去，所以下岛先生就采取了这种放任不管的态度。的确，在有了车队试验的一连串经历之后，我已经不会动不动就沮丧了。但这只是事后的结果之一，当时我根本没有时间来思考这些事情。当时我只是觉得自己上到了二层，又被拿走了梯子。

下岛先生又接着说："你要拿出你自己的武器来。"我回答说："我哪有什么武器啊。"下岛先生很严肃地说："你的诚实就是你的武器。"听了下岛先生的话，我内心并没有释然，但我知道除了需要再去说服雨宫先生外，我已无路可走。

我第二次去美国的本田汽车公司时，雨宫先生叫上了三个公司高层的副社长，想听听他们的意见。这三位副社长有两位是美国人，一位是日本人，他们异口同声地说："美国人不需要安全气囊，所以安全气囊是卖不出去的。"他们都在营业部工作，应该是很了解美国顾客的需求的。不过他们三个人也一致反对。

所以雨宫先生最后说："（不仅是我）公司高层的意见是相同的。我们没有必要进行车队试验。您能特意从日本来到这里我们非常感谢。请您帮我问候下岛先生。"这下一点挽回的余地都没有了。

最后的机会

我回到了日本,马上向下岛先生汇报了情况。刚听我说了一句话,下岛先生就表现出一副非常不痛快的表情。我觉得这种时候报告详细内容也没什么用,所以只说了最后的结果,然后向他确认说:"我还要再去一趟是吧?"他说:"是的。"

我心想这次是最后一次了,这次要是说服不了雨宫先生,我就只能辞掉本田的工作了。如果不能在美国进行车队试验,那安全气囊实用化的路就被堵上了,花了 10 多年来开发的技术,解决的那些技术性问题也就前功尽弃了。这次如果我不能把安全气囊推向实用化,那真是没脸见那些与我一起搞研发的同事和帮助我的零件制造商了。那些零件制造商已经进行了很多开发投资,如果安全气囊不能推向实用化,那这些投资也就打水漂了。

这次,雨宫先生半天都没有现身,过了约定时间 45 分钟他才进入会议室,不太高兴地坐在了沙发上。

他很粗鲁地问:"小林,你今天又有什么事儿啊?"我要说什么他当然知道。反正他就是不想听我说。

我说:"还是安全气囊。"听了我的话,他的脸色更难看了。而我绝对不能就此放弃,我说话声音本来就挺大的,当时更是下定了决心开始大声说了起来。

"现在,美国每天有 150 人都由于交通事故而死亡。明知是这样还不搭载安全气囊,那本田到底还有没有存在价值了?!"在这种场合说一些技术上的细节也没什么用。我就一边看着雨宫先生的眼睛,一边开始说安全气囊的本质价值是什么。

究竟说了多久,我已经记不大清楚了,大概有 30~45 分钟吧。这次真的是最后一次机会了,再也没有回头路了。中间雨宫先生好像想说些什么,但我为了不让他打断我的话就非常大声地一直说。我就对着美国的本田汽车公司的高层们很得意地做了一个"不搭载安全气囊的本田没有存在价值"的长篇演说。

雨宫先生一脸惊讶地听完了我的话。过了很长时间之后，雨宫先生开始打断我说："你闭嘴，你等一下。"他的声音非常大。我一瞬间有点儿胆怯，停了下来。但就在那一瞬间，雨宫先生说了一句话："我明白了。我们可以做。"

雨宫先生同意进行车队试验了。我听到那句话的瞬间就像没听懂一样，全身的力气都用尽了。大概是我必死的意念已经传达给了他们。雨宫先生最后大声说："一定要让本田技术研究所的社长保证绝对不会给我们的顾客和美国丰田汽车公司添麻烦。"接着他还是不太高兴地离开了会议室。

事先斡旋只会起到反作用

本田技术研究所和美国本田汽车公司虽然都是本田的子公司，但只要是不同的公司，在组织上的所属就是不同的。如果有很多企业，那就会涉及很多组织。对公司业绩有重大影响的提案，一般需要每个组织的负责人一起商量之后才能做决定。但对于车队试验的提案，笔者的合作人却是美国本田汽车公司的老总雨宫先生。

这件事情的背景显示了本田独特的文化。本田与其他组织非常不同，事先斡旋是没有用的，尤其越是复杂的问题越不会事先斡旋，而且事先斡旋还会起到相反的效果。不管再怎么事先斡旋，也不管是谁事先拜托，如果雨宫先生觉得不行，他还是会根据自己的判断来明确的拒绝。就算对方是本田的社长也一样。最有热情、对内容最了解的项目负责人出来说服的话会非常有说服力，得到同意的可能性也更高。下岛先生应该就是这么想的，才对我说："你的诚实就是你的武器"。在本田，比起事先斡旋，还是负责人直接去说服更容易得到对方的认可。

不过，我觉得见了三次才最后同意车队试验的雨宫先生还是很厉害的。

笔者从本田退休之后在大学教书，学生主要是在职的社会人。我问他们在自己的公司是否也会发生类似的事情，他们全都说绝对不会发生。他们要是为了被拒绝过的提案三次跑到美国公司的老总那里去，肯定被降职了。有20%～30%的公司会在第二次拒绝的时候将提案员工降职，所以肯定没有第三次了。剩下的人看到这种人事变动，肯定不会直接去找老总谈判了。

　　雨宫先生对于"提高顾客安全"的课题，没有考虑职位的高低，而是作为一个普通人认真地听了笔者的话，最终同意了实施车队试验。

　　那次的车队试验没有出任何问题，非常成功。安全气囊也在1987年6月作为可选设备搭载到了"里程"汽车上，并在北美发售。之后安全气囊以迅雷不及掩耳的速度普及开来。笔者那段时间经常往返于美国和日本之间，向美国各地的销售负责人和保养检修的负责人讲解安全气囊的详情。有一次我恰巧在美国本田汽车公司的走廊和雨宫先生擦肩而过，他过来跟我说："小林，多亏了安全气囊，现在'里程'车卖得相当好。没有安全气囊是不会卖得这么好的。下一个车型'型格①'一定要100%的搭载安全气囊！"

　　说句实话，我免不了会回想起当时他强烈反对的样子，不过他这句话里大概也有当时自己没能正确评价安全气囊而感到很抱歉的意思。

---

　　①车名，Integra。——译者注

◎ 混蛋的一群人——绝对不能轻视正确的言论

在写本章的开篇重点时，我遇到了一个难题。我本来想加入一条"创新时鼓起勇气坚持正确的言论是非常重要的。"但从日本现在的情况来看，这么做对技术人员来说可能是致命的，所以还是放弃了，但这种状况已经愈演愈烈了。

雨宫先生和下岛先生都是在本田创业期培养起来的人才，他们身上有本田的 DNA，能够接受为顾客考虑的意见和其他正确的言论。但是，现在日本的大多数企业都更加重视公司的方针和利润目标，而正确的言论反而要让位了。实际上，如果你坚持正确的言论反而会被人说："你别总还把自己当新人，不要光说这些正确的言论，你要面对现实！"

但是好好想一想，打破现状的正是创新。如果只把现实的技术作为目标，是无法实现创新的。技术开发会受到一定的制约，这是事实，但如果一味的受制于这些制约，新事物是无法产生的。这些都是关于创新的正确言论，不过这些主张越来越不被人理解了。

想要说服没有任何疑问、只把现实的技术作为志向的人，是不可能的。因为大家对创新的理解完全不同，所以再怎么讨论也不可能达成一致。如果这样的人恰好是你的上司，那你最好还是不要坚持正确的言论了。就算你不被降职，也会被看成是不理解公司方针或者是工作不得力的人。我觉得日本的所有企业越来越有这样的倾向了。你们这些轻视正确的言论的人，都是混蛋。

第19章 鼓起干劲儿

> 提起团队成员干劲儿是领导的重要工作。
>
> 人只有被认可了，才会有干劲儿。
>
> 项目停滞不前的时候，领导必须要说一些鼓舞人心的话。

不需要给你们发奖金

我在上一章里提到过，我还有另外一次拼死说服别人的经历，这一章我就从这件事开始讲。

这次我要说服的人是上一章也出过场的下岛启亨先生。在本田，技术开发被分成两部分，一部分是 R（研究），另一部分是 D（开发）①。下岛先生是负责 R 的董事。我在担任安全气囊开发项目负责人的第二天就去说服下岛先生了。那是在 1982 年 4 月，安全气囊开发已经进行了 11 年。

"放弃开发工作吧"

我把今后的开发日程总结了一下，去向下岛先生汇报。当时我觉得气氛有些不对，因为他既没有看我给他的日程表，也完全没有听我的说明。我正感觉到奇怪的时候，他突然说："小林，你放弃安全气囊吧。还有好多事情我想让你做呢。"那一瞬间我的血都涌到头顶了。这种话怎么能在我刚担任开发负责人的第二天说呢。你要是准备停止这个项目，干嘛还委任一个新的项目负责人啊。

但是我抑制住了自己的感情，又开始说："世界上每年有 10 万人、每天有将近 300 人因为交通事故而死亡。如果有安全气囊，这些人的生命基本上都能得救，我们必须要做这件事。"我大概重复了 10 遍。下岛先生在听我说的过程中还插话说："我明白你要说什么。不过，你要不要考虑放弃？"

但是最后他还是认同了我的热情，决定继续进行安全气囊的开发，并补充一名技术人员。当时我不太理解他的意思，但想想下岛先生后来的行为，我觉得他肯定是为我的未来着想才提出让我停止开发安全气囊的。毕竟当时的安全气囊开发已经进行了 10 年，但还完全没有什么进展。如果就那样一直无法推向实用的话，浪费的时间可是再也找不回来的。

---

① R 即英文 Research 的首字母，意为研究；D 即英文 Develop 的首字母，意为开发。——译者注

用尽了办法,可安全气囊还是不打开

现在,不仅驾驶席和副驾驶席有安全气囊,侧面气囊和帘式侧面头部安全气囊也都已经实用化了。但在当时,安全气囊的问题实在太多了,甚至都不知道把哪些定为课题才好(图19-1)。本田技术研究所内部也到处都能听到人说"安全气囊是一个不成功的课题"。

当时我还没有信心说安全气囊一定能推向实用。客观地说,当时来看实用化还是个梦。所以下岛先生才这样试探我是否真心,是否真的有干劲儿。本来都已经困难重重的项目,如果开发负责人都动摇了,那就绝对不会成功了。

图19-1　搭载在"奥德赛"①上的各种安全气囊

在2008年10月发售的一部分奥德赛汽车上,不仅驾驶席和副驾驶席有安全气囊,还搭载了侧面气囊和帘式侧面头部安全气囊。

在本田,经常会有人考察你有没有干劲儿、有没有热情、是不是真心认可了之后才工作的。尤其对于创新,要挑战从未挑战过的未知领域,只是按照上司的指示做事,根本实现不了技术的实用化。

第9章中介绍过笔者入职不久曾经设计错了车门强度试验的治具尺寸。图面尺寸本来应该是1/5的,却被我忽略了,结果有一个零件的大小做成了设计的5倍。这个零件当然不能用了,只好报废处理。当时上司只是说:"你也不是故意弄错的,所以没必要道歉。谁都会犯这样的错误,只要不再犯同

---

①车名,Odyssey。——译者注

样的错误就行。"这句话给我留下了非常深刻的印象。

当时我就下定决心,绝对不能再犯同样的错误了。比起指示和规则的约束,人在自己认可的情况下有更大的积极性(图19-2)。从那以后我再也没有弄错过设计的尺寸,因为我每次都会很仔细地确认。下岛先生跟我说让我放弃安全气囊的开发工作时,我也下定决心:"我一定要把安全气囊推向实用化""我一定能够做到",最后我也真的做到了。

图19-2　只有自己认可才能有干劲儿

对创新来说,这种干劲儿和决心是至关重要的。所以领导一定要把成员的干劲儿调动出来。其中最有效的方法就是,让成员们真正觉得他们不是依照别人的指示在进行创新工作,而是自己思考之后才这么做的。在这方面,吵嚷大会可以发挥很好的作用。

在吵嚷大会上劝导

在安全气囊的开发接近尾声的时候我们举行了一次吵嚷大会。因为安全气囊马上就要实现实用化了,所以参加那次吵嚷大会的不只是产品安全部门的技术人员,还有设计部门的技术人员。大会的课题是如何确保制造工程的可靠性。

例如自动检查。我们的目标是在汽车的平均寿命期间内把安全气囊的故障率降低到一百万分之一以下,这就需要自动检查。因为人工检查,每1000次就会有1次的失误。所以在安全气囊的生产过程中不能采取人工检查,而要使用检查装置进行自动检查。但是引进自动检查装置就不得不进行投资。笔者虽然心里已经决定要引进自动检查装置，但对别人没有提过一字半句，就这样举行了吵嚷大会。当时我把吵嚷大会的主题定成了："保证高度可靠性的生产流程"。

可靠性和成本论不能放在同一个层面来考虑

引进自动检查装置的最大问题就是需要高额的投资。安全气囊的生产台数越多，分摊到每个气囊上面的投资金额就会越小。但当时预计生产的安全气囊最多也就是每天20个，最少就是每天2个。这样的话，分摊到每个安全气囊上的检查成本就会非常高。

一般对于生产台数少的产品我们都会采用人工检查，但是前面我也提到了，人工检查的失误可能性比较高。但安全气囊如果发生不启动或者爆炸的话后果是致命的，项目又走到死角里了。

在吵嚷大会上我问技术部门的技术人员说："这个问题，你怎么想？"他只是沉默不语。设计者一般都会考虑成本，他们很少抛开成本思考事情。但是经过了一天的讨论之后，他最终说："可靠性和成本不能放在同一个层面来比较。"

听了他的话我很赞赏地说："你刚才说的这个观点，非常了不起！一般制造汽车的人都会追求可靠性和成本的平衡，不过好好想想的话，这两件事情确实不是在同一个层面上的。如你所言，确实不能这样比较。你真的很聪明，你刚来我们团队的时候我就觉得你不是一般人。"

我们进行了三天三夜的讨论，最终得到的结论就是：不能浪费钱，但为了实现高可靠性，能做的事情我们都要做。这并不是洗脑，只是经过讨论后得出了应该得出的结论。

这个结论不是别人说给你、让你强行接受的，而是你自己思考后得出来的，这一点很重要。只有你打心底里这么想才行，等你回到设计部门，上司生气地说"你花这么多钱，到底想干什么"的时候，你可以理直气壮地回答说：":"这是应该花的钱。"这样,自动检查装置就被顺利地引进了。幸好安全气囊爆炸式地普及开来,自动检查装置的投资很快就收回来了。

鼓舞团队

作为总也看不到曙光的项目开发负责人,当然不会总遇到好事儿了。现在我还很清楚的记得在安全气囊的开发初期曾经发生过这样一件事。有一个和我年龄差不多、负责新车开发的年轻技术人员跟我说:"你们这些人,不需要发奖金。"他的意思是说:"开发和销售新车,是要对商品负责任的。品质方面要是出了问题就是我们的责任,所以我们要承担这样的风险。相反,你们从事的研究开发是没有风险的。你们只要做你们喜欢的事情就行了,而且也没有期限约束你们,还挺悠闲的。所以,不需要给你们发奖金。"

那个技术人员说这番话的目的是什么我不太清楚,不过被人这么一说,我的心情变得很不好。不管别人怎么说,自己都还没有做出成果呢。团队的其他成员也听到过类似的话,也因此灰心丧气过。在这种情况下,一定要不断地鼓舞大家,要对他们说:"安全是绝对需要做的。世界上每天有300人由于交通事故而死去。本田要不做这件事谁会去做呢?"自我担任开发负责人之后每天都会跟他们这么说。

有时也会有人对我说:"安全气囊这东西谁都能开发。"我听了非常生气。开什么玩笑,虽然不能说这件事只有我能做,确实别人也能做,但绝对不是谁都能做的。

◎ 混蛋的一群人——没有完美的技术和产品，它们肯定存在问题

我从2000年到2005年担任本田的经营企划部部长。在这期间，有很多IT公司来本田销售主干信息系统。我会问每一家公司："你们系统的问题是什么？"

这个问题在本田是一定会被问到的。因为本田有一个基本的思考方法，就是不管什么技术和产品，不管什么系统和方法，都不是一百分的，所以要经常思考问题是什么。

这个思考方法也是"老爷子"的。每当有人来本田销售产品，"老爷子"经常会说："他们的产品肯定有问题的。去问问他们'产品的问题是什么'。"他还强调，准确把握了问题之后，本田只和有解决问题计划的公司打交道。被问到自己公司的产品有什么问题时，所有IT公司的负责人都觉得很诧异，还有人说："我不明白您的问题的意思。"他们好像都没考虑过自己公司产品的问题。本田是绝对不会和这样的公司做生意的。

可能对方公司会觉得：本田太麻烦了，不和他们做生意了。这样的公司都再没来过本田。你们这些连自己的技术和产品的问题都不知道的人，都是混蛋！

第20章 价值的可视化

{ 画一幅示意图，价值的具体内容也就显现出来了。

在具体细节还很模糊的阶段画示意图，不要纠结于细节，而要注重全貌。

知道了全貌就能大概掌握技术开发的方向了。

画示意图来探讨新的价值

创造新价值的创新活动必须要调查很广泛的区域。这一点和"毫无头绪的时候寻找有想钓的鱼（新价值）的湖"的情况很相似。这时就要画一张图来找湖，这个画图的方法也就是思考什么能够成为新价值的方法。下面我来详细介绍一下。

体现多样的、多层次的价值

汽车有运动性能、舒适性、安全性等各种各样的价值，价值具有多样性；而且汽车整体有自己的价值，各个零件和配件还有它们具体的价值，价值又是多层次的。如果能把这些价值都放在一张图上的话，汽车的价值全貌就一目了然了，我们的开发工作也就有了方向。

下面我介绍一个例子（图 20-1）。这张图是 1990 年左右在笔者的主导下，花了三天绘制的未来汽车的进化示意图。虽然是 20 年前的图了，但图上的内容现在还是可以用的。在本田，我们把这类示意图叫作"价值技术图"。

有种说法叫"人马一体"，同样，汽车和人成为一体的状态就是最理想的状态。这种状态需要技术（生物功能技术）让汽车对驾驶员的操作像生物一样做出反应。所以我们把"生物功能技术汽车"放在了示意图的中央。这一点和汽车的综合价值"Fun"（驾驶的乐趣）是紧密相关的。

示意图的外围是汽车的七个价值要素，分别是："容易程度""安全性""清洁""高效率""省时间→舒适的时间""舒适性""运动性能"。各个价值要素都以生物功能技术汽车为中心呈带状向四周发射，带状周围还设置了具体的技术。离中央越近，技术的实现就越远在未来。另外，我们把开发这些新技术时需要的基础技术设定为新材料和 IT 两个。

在画这种范围比较广的示意图时，要求不太严密。尤其对于未来的技术就更不需要了。例如，在安全性的区域靠近中央有一项"预感传感器"，还没有实物。这项技术的创意是：能够预感冲撞的发生，进而回避冲撞。预感是非科学性的，大家可能认为预感传感器只是个幻想而已。

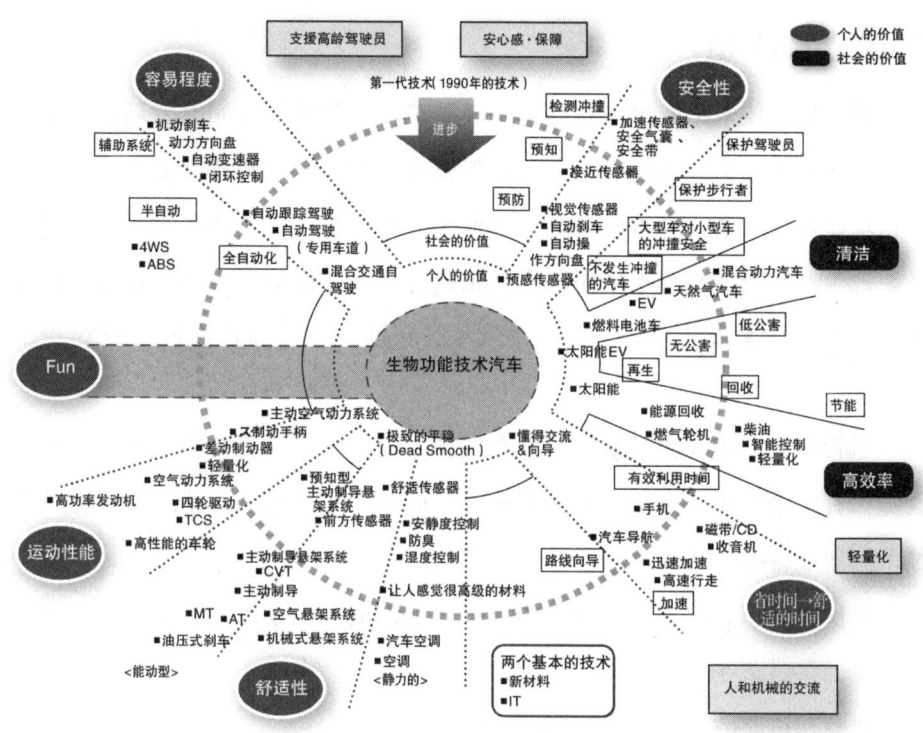

图 20-1　1990 年左右绘制的汽车进化示意图

图周围四角框中的"支援高龄驾驶员""安心感·保障""轻量化"、"人和机械的交流"这 4 个项目都是从 20 世纪 90 年代以后迅速升温的价值要素，我把它们作为追记加在了图中。"轻量化"在 20 世纪 90 年代时也很重要，但还没有重要到需要加入 8 个要素当中。图中使用的缩写如下：4WS：四轮转向；ABS：防抱死系统（Anti-lock Braking System）；TCS：牵引力控制系统（Traction Control System）；CVT：无段自动变速器；MT：手动变速器；AT：自动变速器；EV：电动汽车。

但我必须要把这项技术先放在那里。因为示意图并不是技术本身，而是描绘能够成为价值的技术。只要是能实现价值的技术，就算没有技术性的根据，也要先画在图上。这样才能明确需求和实现需求的价值。

图画出来之后，肯定会有人说某项技术的位置不对。例如有人会说"清洁"的区域里面的电动汽车（EV）和燃料电池车的位置画反了。但是这张示意图并不是开发计划，位置也不需要非常的严密。所以不要纠结于细节，重点是要勾勒出全貌。

意识到负面价值

通过价值技术图修改现有的东西很简单，但要从零开始开发新技术就很难了。在理解某个具体技术时，必须要从示意图的整体构造（处于中央的是生物功能技术汽车，周边分布有七个价值要素）来考虑。进一步来说，就是考虑把生物功能技术汽车作为中心是否恰当；七个价值要素是否都需要还是不够，基础技术设定为新材料和IT可不可以，这些都是需要好好讨论的课题。

尽管如此，笔者和同事们还是在三天之内做好了这张价值技术图。为什么呢？其实之前我们已经画过好多种"价值图"了，虽然并不是为了做价值技术图而准备的。这两种示意图名字虽然很像，但内容上却差距甚远。

价值技术图展示了汽车价值的全貌，而价值图则是以个别的零件和配件为对象，将隐藏在这些零配件中的价值挖掘出来。在本田出现了某个课题或者需要整理思路的时候，大家都习惯画价值图。

下面我以安全带为例介绍一下价值图的制作方法（图20-2）。安全带的价值就是提高安全性，但如果过分拘束反而会让乘客觉得不快，这是安全带的负面价值。因此我们画了一张以安全性为纵轴、舒适性为横轴的价值图。

比如赛车用的四点式安全带虽然安全性很高，但舒适性就很差。极端的说，去掉安全带的话会非常舒适，但安全性也就大大降低了。为了平衡舒适和安全，可以使用很多种技术，比如平时很轻缓、遇到撞击能很紧的束住人体的技术，这些技术都是从安全带价值构造的基础来考虑的。

接下来如果把横轴变成技术实现的可能性和重量的增加量，我们就可以画出新的示意图了。新的示意图不仅适用于安全带，还适用于发动机、悬挂系统、刹车灯等所有零件和配件。制作示意图，使价值既可视化，经常可以发现很多一直没有注意到的事情。

下面我介绍几个制作价值图的要点。首先要记住价值既有正面的，也有负面的。增加正面价值的方法容易想得到，但减少负面价值的方法就不太容易了。例如减少死伤事故的安全气囊就是一个很典型的、着眼于负面价值的例子。

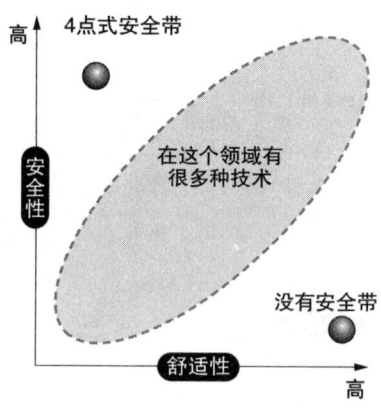

图 20－2　价值图的例子

其次，要对结果心中有数。一旦对最终目标有了大体的估测，价值的方向性也就明确了。

再次，不要把图定型了。技术和领域不同，价值也会千差万别，所以必须要好好考虑横轴应该选哪些内容。

最后，就是要关注新事物，因为顾客的需求和技术都会不断的更新。

顾客变化，价值观也会随着变化

下面我要介绍一个思考美国人未来价值观的例子（图20－3）。下面这张图是我在常驻美国的那段时间于1993年做的，虽然没能做成一张很完整的示意图，但从可视化的角度来看和示意图的效果是一样的。图中主要描绘的是2000年之后的价值观变化，就信息的时效性来说已经没什么价值了，但希望这种思考的方法可以给大家提供参考。

示意图是从（A）—（D）这四个基本项目最终推导出图右下方写的"汽车的变化"和"业务的变化"。（A）—（D）四个阶段各不相同，它们之间的关系也不是很明确,在考虑价值观这种比较空洞的概念时还是不要把每个阶段都分清、再把各个阶段的关系固定下来。

图的左上方是"(A)影响人们价值观的主要因素",列举的都是当时的实际情况。即①人口集中在城市的弊端;②婴儿潮时代出生人口的老龄化;③汽油价格的上涨。

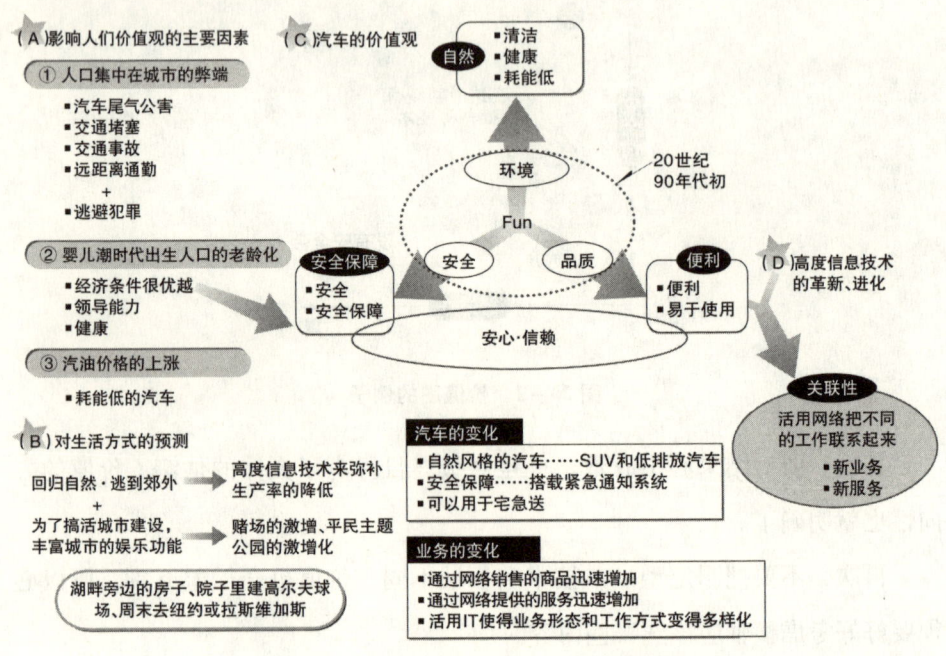

图 20-3　1993 年做成的美国人的未来价值观

受这三个因素的影响,人口会从城市向郊外大规模的移动,所以人们的价值观也会发生很大的变化。所以我才在(B)对生活方式的预测部分写了"湖畔旁边的房子""院子里建高尔夫球场"。不过只有这两点还不够刺激,于是又加上了越来越多的人"周末去纽约或拉斯维加斯"。

另外,(C)汽车的价值观也会发生变化。20 世纪 90 年代汽车的核心价值是以 Fun 为前提的"环境""品质"和"安全"。考虑到前面说的(A)和(B),2000 年之后这三个要素也会进一步扩展,"环境"发展为"自然","品质"发展为"便利","安全"发展为"安全保障"。安全保障和便利合为一体,变成了"安心·信赖"。

还有另外一个角度，就是（D）高度信息技术的革新、进化。对这一点来说，"关联性"是一个非常重要的关键词，活用网络，把不同的工作联系起来，就会产生"新业务"和"新服务"。

最终得出的结论就是，2000年以后①人们会越来越喜欢对自然有益的车，例如运动型多功能汽车（Sports Utility Vehicle，SUV）和低排放汽车，②也会出现搭载紧急通知系统的汽车，等等。

另外，我认为在新业务方面，"通过网络销售的商品、提供的服务"会迅速增加。亚马逊是1995年在美国成立的，所以能在1993年就关注到网络相关的业务可以说是相当早了。

到此为止，笔者介绍了汽车的价值技术图、零件和技术的价值图，以及对美国人未来价值观的分析。这些中长期的预测在挑战创新的过程中会起到非常重要的作用。没有这些预测，很可能会弄错技术开发的方向。

但是就算有了预测，也不能完完全全的依照预测来实行，如果预测是错的，就要在初期阶段改正过来。在很空洞的预测之下推进技术开发，无法判断开发的方向是否正确。极端点儿来说，这种技术开发就会变成撞大运，撞大运的创新当然是不可能成功的了。

第21章

开发到大量生产的障碍（一）：合作

- 新技术不到被顾客广泛使用的阶段就还是没完成。
- 新技术的大量生产需要研发团队和工厂紧密合作、确立生产流程。
- 合作时研发团队要尊重工厂的价值观。

"我像讨厌毒蛇一样讨厌安全气囊"

开发出来的技术，只有顾客真的用到了才算实现了价值。所以完成了技术开发也才走了一半的路。安全气囊也一样，事故发生时安全气囊究竟能挽救多少生命决定了它的价值。也就是说开发了能挽救很多生命的安全气囊并不算成功，必须要大规模的生产并广泛普及才行。

大规模的生产必须要降低成本。但是安全气囊是很特殊的装置，特殊就特殊在它的故障率要低于一百万分之一。对于初次挑战这种特殊装置的项目来说，最重要的首先是在大量生产时能实现故障率低于一百万分之一。降低成本只要在确保了品质之后再进行就可以。这两件事的顺序绝对不能颠倒。

进入了大量生产阶段，就不单单涉及研发部门，还要涉及制造的工厂、提供零件的供应商，还有销售搭载安全气囊汽车的销售部门，这些部门要共同合作才行。这个阶段涉及的人一下就增加了很多。

在这个阶段，研发部门的人要很认真、到位地向其他部门的人解释技术，而且还要多从对方的角度来考虑事情。下面的两章我都会以新技术的大量生产为主题来进行说明。在这一章里我会着重介绍和生产部门的合作。在这个前提下，我想先说明一下大量生产前后的状况。制造故障率低于一百万分之一的装置，工厂也从来没经历过。也就是说，这次我们要实现极高的制造品质，这当然不是一件简单的事。

董事会全体反对

安全气囊 1985 年在美国成功完成了总计 130 辆车的实车搭载试验，在技术方面可以说是基本上完成了。于是在 1986 年秋天，我们就安全气囊的大量生产和商品化，在本田的经营会议上展开了讨论。前面我曾经介绍过，在这次会议上我们并没能非常顺利的拿到大量生产的许可，在十几个人参加的经营会议上有 1/3 的人是极力反对的。他们都很害怕会出现爆炸和不启动的风

开发到大量生产的障碍(一)：合作
開発から量産への壁①——連携

险。剩下的 2/3 的董事也没有表示赞同，其实就是默认反对。当时我心想：安全气囊大概是完了。因为没有一个人站出来支持。

就在这时，当时的本田社长久米是志问我："小林，安全气囊要是实现了大量生产，你在做的高可靠性技术会留在本田吗？"我赶紧拼命地保证说："会留下，绝对会留下。安全气囊是故障率低于一百万分之一的技术。汽车的普通机械零件的故障率是千分之一左右，刹车灯重要安全零件的故障率也就是万分之一到十万分之一。安全气囊这种超过通常水平 10 倍甚至 100 倍的高可靠性技术一定会在本田扎根的。"

听了我的回答，久米社长巡视了一圈经营会议的成员之后说："好的。安全气囊的这种高可靠性技术关系到可以实现顾客价值的关键品质的提高。好吧，我们就去做吧。拜托大家了。"就这一句话，安全气囊的大量生产正式决定了。

规模化生产只是拉开了波折的序幕

经营会议通过了安全气囊的大量生产之后，马上就组建了量产的项目。上司说可以给项目起个名字，于是我就把这个项目命名为"SB 项目"。名字里的"SB"即包含着"Safety Bag"的意思，还有一层就是"三郎① Bag"的意思。

笔者成为了这个项目中本田技术研究所方面的负责人，而项目整体的总负责人是当时本田的常务董事兼埼玉制作所的所长——大塚伸之。因为量产主要由生产部门——狭山工厂负责，所以狭山工厂的母公司埼玉制作所的老总自然就成了项目整体的总负责人。

各位读者可能已经意识到了，大塚先生是本田的常务董事，所以在决定是否大量生产安全气囊的经营会议大塚先生也在场。在那次会议上除了久米社长以外所有董事都反对，也就是说大塚先生也是反对派中的一员。

SB 项目刚开始时，我去大塚先生的办公室跟他打招呼。大塚先生一看到我就大声地宣告说："告诉你，我像讨厌毒蛇一样非常讨厌安全气囊。"这对我来说可谓是当头一棒。安全气囊的量产化项目只是拉开了波折的序幕。

---

①"三郎"笔者的英文名 Saburo Kobayashi，所以"s"也是"三郎"的缩写。——译者注

能想到的故障就一定会发生

之后,我就开始和狭山工厂的生产技术人员和制造技术人员开始共事了。他们也是第一次制造安全气囊,所以根本没有什么积累。因此我们让开发方决定生产过程的基本步骤,之后加入生产方的经验,共同推进项目。在推进过程中,我会事无巨细的向工厂的技术人员说明一切,比如安全气囊的设计想法、基本构造、确保高可靠性的方法等(图21-1)。因为制造人员如果不能理解安全气囊的架构,不认为自己能够制造安全气囊的话,从何而谈大量生产啊。

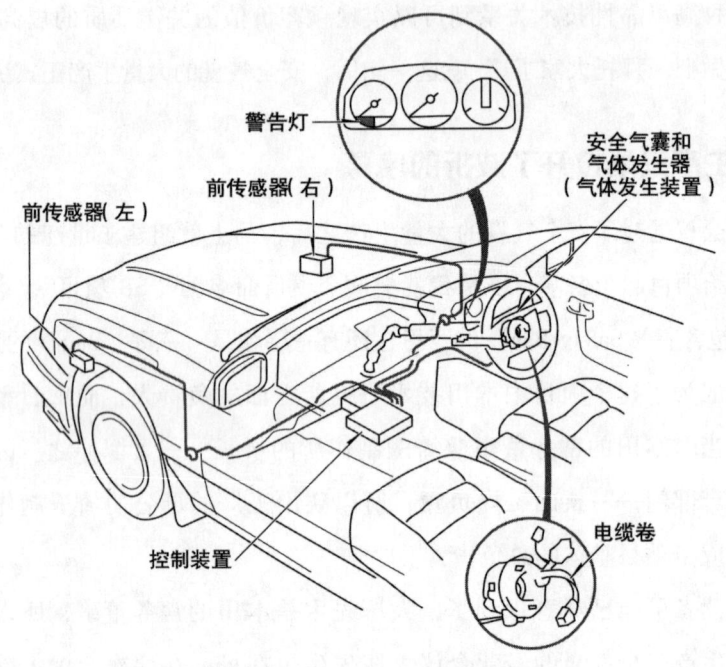

图21-1 安全气囊的系统构成

安全气囊的基本构造是:加速度传感器感应到冲撞带来的冲击后发出信号,气体发生器收到信号后点火,点火爆炸释放出来的气体会打开安全气囊。

在设计安全气囊的时候,我们也尽可能的将它简化。因为确保高可靠性也需要"Simple is the best"①。为了实现简化的目标，我们尽量减少零件，也尽量减少零件之间的连接处。例如电缆卷，它是连接安装在方向盘中间的安全气囊、车体内的控制装置以及加速传感器的。方向盘要来回转动，所以不能简单的用连接线来连接。

当时外国厂商限量销售的安全气囊是在旋转轴上安装一个金属环，然后在金属环的弹簧上安装特殊的合金棒，保证按下就能导电。但如果弹簧断了或者金属环上黏着东西的话，不管再怎么按弹簧也导不了电。我们项目的前提是故障率在一百万分之一以下，所以保守一点来想，能想到的故障就一定会发生。

相反，电缆卷内部有旋涡状的连接线，方向盘旋转的时候，内部旋涡状的连接线就会像弹簧一样伸缩。这个技术本来是航天领域的技术，可以直接连接安装在方向盘中间的安全气囊和车体内的控制装置、加速传感器，可靠性非常高。我把安全气囊的这个构造详细的说明给工厂的技术人员。我还跟他们说故障率在一百万分之一以下这件事是无法用实验证明的。要确认故障率，从统计的角度来说需要约70%的样本。故障率在一百万分之一以下，就需要在一百万台汽车上搭载安全气囊，以当时的平均寿命年数的15~16年为期间，在这个期间内发生爆炸和不启动的情况只能小于1件。要通过实验来证明这个故障率，就必须让一百万台的70%即70万台汽车行驶15~16年，这实在是无法证明的。

因此，我们并列安装了两个故障率为一千分之一的零件组，组成冗余系统。检测冲撞的加速度传感器是设置在车体前部和车厢下部的，我们把传感器两两一组、安装了两组共计四个。这样即便有一组发生了故障，另一组还是可以正常工作的。

当时为了准备安全气囊的批量生产，我们采用了深口传感器做加速度传感器（图21-2）。如图所示，弹簧板会向着滚轴相反的方向向后推，受到加速度的力量之后，滚轴的力量超过了弹簧板的反向压力向前移动，滚轴把开

---

①简单最好。——译者注

关按下之后传感器就检测到了冲击。

我们通过可靠性试验得知这个传感器的故障率是十万分之一到一万分之一，这个指标达不到一百万分之一，所以我们就并列设置了两组。

另外我们还安装了故障诊断电路（图21-3）。我们能想到最有可能发生的故障模式就是弹簧板有破损。弹簧的作用是导电，如果其破损的话电流就无法通过了。电流断了之后，速度计旁边的警告灯就会亮。传感器出现了故障，安全气囊就无法启动了，不过当时还没发生什么大问题。我们一直没有发现这种故障的可能性，直到发生了冲撞事故这个问题才显现出来。因此我们才加入了前面提到的警告系统。

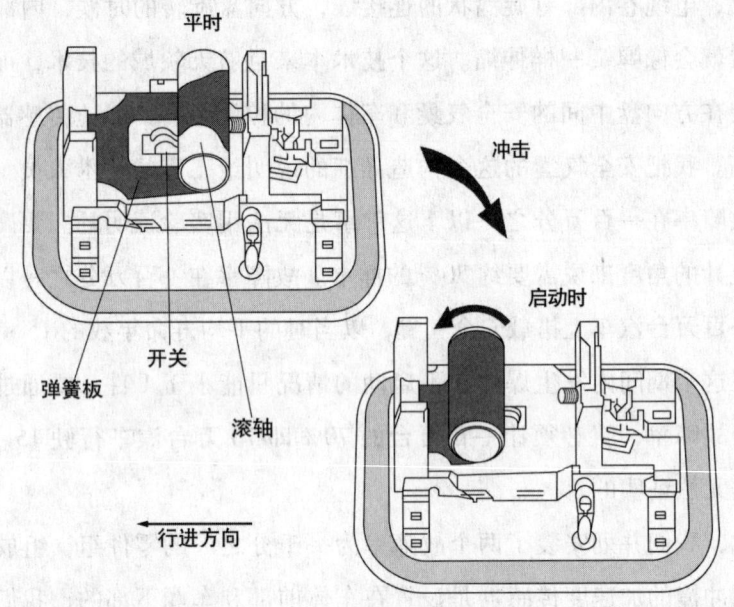

图21-2　当时使用的深口传感器

深口传感器的构造是：受到冲击时，滚轴会向行进方向的前方滚动，按下开关。现在使用的是半导体传感器。

我把这些有关安全气囊可靠性的想法都详细地解释给了工厂的技术人员。工厂的技术人员也非常积极地着手搭建新的生产工程。以大塚先生"像讨厌毒蛇一样非常讨厌安全气囊"为开端的量产项目进行得还比较顺利。

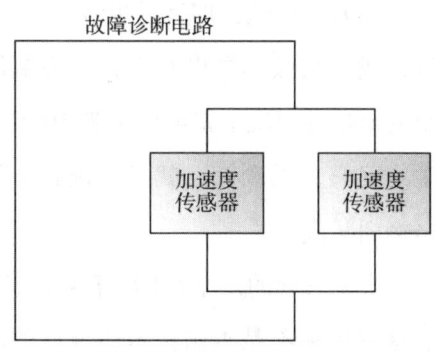

图 21-3　传感器里面加入了故障诊断电路

深口传感器的弹簧板部分经常是通着电的，如果发生了破损，电流就无法通过了，这时警告灯就会亮起。

笔者对工厂的技术人员非常尊敬，这有可能是项目能够顺利进行的原因之一。尊敬是什么？当时工厂的人都很有手艺人的脾气，跟他们讲道理多数是讲不通的。如果你请他们去喝酒，他们就算不会喝也肯定会陪你去，如果他们平时受你关照也一定会诚心诚意的谢谢你。我就是这样与他们建立起信赖关系的。

另外，尊重对方的价值观也非常重要。有一次狭山工厂的组装科科长把我叫了出来，说："'里程'汽车上不能搭载安全气囊。"

开发部门的理论和工厂的理论

事情起因是我们想要追踪安全气囊的主要零件。如果可能引起安全气囊的爆炸或者不启动的零件出现了什么问题，只要我们有追踪系统，就能马上找到对应的车辆。

具体的管理方法就是给主要零件逐个贴上条形码，再把条形码扫入电脑里。现在只要用 5 万日元的电脑就能建立这样的管理系统，但在 1986 年时只能使用办公专用的电脑。结果我们花了 6000 万日元。这项费用平摊到每个安全气囊上的话，每个安全气囊要多花 1 万多日元。

组装科科长知道了这件事之后把我叫了出来。在这种情况下绝对不能说："为了提高安全性，提高成本也是没办法的。"因为这种理论是研究开发团队的理论，你要对负责生产的人这么说，那就是想吵架。

在本田的各个工厂，成本削减都是以 0.5 日元为单位进行的。如果成本削减了 0.5 日元，那制造 100 万辆汽车就可以节省 50 万日元。如果成本削减了 100 日元就可以产生 1 亿日元的利润，就可以领到一张奖状。工厂都是这样踏踏实实的努力和坚持削减成本的。

可就算是换成了搭载安全气囊的汽车，1 辆车突然多花 1 万多日元，工厂还是很难接受的，而且这项成本不是本田技术研究所的成本，而会被算到狭山工厂的头上。在这种情况下对他们说："花些成本是理所当然的。"就相当于是正面否定他们平常为削减成本而做出的努力了。这时我们必须要尊重工厂的价值观。

因为追踪系统是必需有的，所以我又重复了一遍："世界上每天都有 300 人因交通事故死亡。知道这个事实我们就不能放弃安全气囊。"这与战斗差不多，在安全气囊的量产化过程中我经过了好多次这样的战斗。不过只要解释清楚了，工厂的同事还是能够接受我们的正确观点并协助我们的。

大塚先生之后基本上没在这件事上插过手。我想大概是因为非常懂得制造，他才懂得实现故障率低于一百万分之一的量产是多么困难的事情。可是这个在经营会议上遭到反对的项目的总责任人还是落在了他头上。

但是他那句"毒蛇"的话是什么意思，到现在我也没想明白。我刚听到他的那句话时吃惊的差点儿跌倒，不过并不觉得悲观。当时我开发安全气囊已经有 15 年的时间了，也已经经历过各种"修罗场"了。所以我听了大塚先生的话心想：这下大概不好办了。不过同时也觉得这个人是个正直的人，我反而觉得有种爽快的感觉。大塚先生说话是没有场面话和心里话的区别的，而且对安全气囊量产项目，大塚先生作为总负责人做了所有他该做的事，而且都做得很到位。

开发到大量生产的障碍(一)：合作

◎ 混蛋的一群人——不能把技术当游戏

曾经有人问我："我花了很长时间才研究出这种好材料和这种好技术，但不知道用到哪儿。您能帮我指点指点吗？"每遇到这种情况我都会想他是不是搞错了。他肯定是忘了技术开发的原点——实现顾客的价值，才会发生这样的事儿。我认为，没有考虑实现顾客价值的技术开发，不过就是把技术当作游戏而已。确实，定下某个技术主题进行研究和开发会很有意思，而且还可以实现一些没有过的事情，或者发现一些新现象。于是不知不觉地，研究和技术开发本身却变成了目的。

科学家这么做或许还可以。因为科学的目的就是追求真理，把研究本身作为目的也没什么不可以的。但是，科学研究出的东西很少有马上就能用得上的。顺利的话可能 100 年后、200 年后才能用得上。所以我们对科学家的定义就是"花钱的人"。想成为科学家的人最好还是进国立的研究所或者大学比较好，这样对自己、对企业都会有好结果。

但是对工程师的定义是"赚钱的人"。业界不同期间可能会有所不同，但在创新领域短则 5 年、长则 30 年是必须要实现价值的。技术人员绝对不能把技术当游戏，也绝不能误以为追求真理是多么高级的事情。创造价值才是技术人员的本分。

在本田不管是多么基础的研究，都会关注到实用化。安全气囊从开发到量产花了 16 年的时间，不过这 16 年间我一直都在思考实用化的事情。尤其在做了项目领导之后。不考虑顾客价值把技术当游戏的人，都是混蛋！

第22章 开发到大量生产的障碍（二）：供应商

> 创新领域的技术开发需要和供应商合作。
> 每个供应商的情况和对经营的判断都不相同。
> 取得供应商的协助也是技术人员重要的工作。

自己不动什么都不会开始

像汽车这种由很多零件组合而成的产品不是只靠汽车厂商自己生产的。正因为有众多的供应商的合作，我们才能制造汽车。这不仅限于零件供应等制造方面，在开发方面也一样。汽车厂商需要和供应商合作，一起开发新技术、新零件和新配件。

但是新技术、新零件和新配件的开发项目非常特殊。一般的开发项目，例如自动变速器（AT）从6速到8速的开发是针对具体搭载的车型进行的。对变速器制造商来说，搭载新变速器的车型是否能畅销是一个不确定的因素，不过，不管怎样汽车都要搭载变速器，所以它们的风险还是比较小的。与AT的构造完全不同的无段自动变速器（CVT），实用化的技术层面有很大难度，但风险也是有限的。因为CVT是自动变速器范畴内的技术，而且有提高燃油经济性这个很明确的附加价值，所以只要成本低于对应的附加价值，这个零件就有普及的前景。

高风险换回的收益

但是安全气囊和它们不同。当时有很多人都觉得只要有安全带就够了，而且安全气囊也是作为备选装置来开发的。备选装置是否要搭载取决于顾客。如果顾客觉得有安全带就足够了，那安全气囊就完全卖不出去了。而且我们提供的零件如果有缺陷，安全气囊如果出现了爆炸或者不启动的情况，公司有可能会因此而倒闭。零件制造商觉得安全气囊的风险不可估量的高，又没什么巨大的回报可期待，也是很正常的。笔者向他们解释说马上就有一半的"思域"都会搭载安全气囊，可他们还是不太相信我。

在上一章里我介绍了在本田公司内部，除了久米是志社长以外其他经营会议参会成员都担心安全气囊会发生爆炸或者不启动的情况，全员反对安全气囊的量产项目。实际上供应商的不安和担忧也很大，下面我以高田公司①为例，介绍我是如何说服供应商厂商协助安全气囊量产的。

众所周知，高田公司是向全世界提供安全气囊、安全带和儿童约束装置的汽车零件制造商，当时该公司的主营业务是生产安全带。

"那么危险的桥我们过不去"

这件事发生在1985年初本田技术研究所的新年联欢会上。安全气囊作为备选装置搭载在"里程"汽车上发售是在1987年6月，这件事发生在发售的两年半之前，当时安全气囊的量产计划还没定下来。在联欢会上高田公司的社长高田重一郎把我叫了出来，说是有话对我说。我觉得气氛很奇怪。他突然直接对我说："小林，你放弃安全气囊吧。"接着又用非常坚定地语气宣言说："安全气囊的零件要是出了什么问题，高田公司也会倒闭。那么危险的桥我们过不去。"

正月的好心情随着这句话全都消失了。因为高田公司负责为本田生产安全气囊的核心部分——气囊。高田公司原来是制造降落伞面料的公司，他们靠着制造降落伞面料的技术开始生产安全带。顺便说一下，安全带在日本首次作为标准装置安装是安装在本田的"S800"（20世纪60年代末发售）汽车上，当时为本田制造安全带的也是高田公司。

气囊是在细密的面料上涂一层橡胶（现在用的是乳胶）之后缝制成立体的形状后折叠起来。也就是说制造气囊需要"编织面料""涂层""缝制""折叠"这四项基本技术。其中"缝制"非常重要，因为缝得不好的话，气囊膨胀时受到的压力会把接缝处迸裂。

当时拥有这四项基本技术的只有高田公司，可是高田公司的老总却宣言说他们不做。不过一味地消沉也无济于事，我只好去找找看有没有别的厂商能制造气囊。创新的过程中肯定会出现各种各样的问题，出现问题时自主行

---

①Takata Corporation，生产并销售汽车安全带、安全气囊、方向盘、内饰、机布和儿童约束装置的日本上市公司。——译者注

动是非常重要的。只是一味的找借口或者抱怨不平和不满，不能改变任何事情。

就像我前面说过的，拥有这四项基本技术的只有高田公司，所以我只能考虑把这四个步骤分开来制造。于是我拜访了拥有编织面料技术的公司和拥有涂层技术的公司等，看看是否有可能和几个公司一起合作来制造安全气囊。同时还考虑请高田公司再次参与安全气囊的开发。

当时库存的安全气囊试制品都用在冲撞实验上，已所剩无几，不能充分进行实验，开发就推进不下去了。于是我就去求高田公司负责安全气囊开发的浜村嗣科长（后来成为了常务董事、现在担任监事）说："试制品也可以，拜托您一定私下给我们做一些安全气囊！"社长说不做了的项目，一般下属会完全停下不干，但是浜村科长还是在自己能决策的范围内帮我们继续做了试制品，也就是说这个项目转成了一个私下秘密的项目。我们也终于能够继续做实验了。

盖板也给你们做

后来到了1986年春天，开发基本上完成了，我们开始着手量产了。同年秋天在本田公司的经营会议上通过了安全气囊的量产计划，但其实在通过之前我们就已经开始着手准备相关工作了。一般来说，与供应商的来往和交涉都是工厂的采购部门负责的，但安全气囊是一个全新的装置，所以研究所负责和供应商直接来往。

最终，找其他公司一起来代替高田公司来制造气囊的计划完全没有进展，我拜访的每个公司对此都犹豫不决。看来我们只能找高田公司了，但是高田社长都做出了不制作安全气囊的公司决策，我再去请，也很难改变他的决策。

多番考虑之后，我决定不仅要请高田公司帮我们做气囊，还要把气囊上面（方向盘中心部分）的聚氨酯做的盖板也交给他们生产（图22-1）。这样不但能增加高田公司的收入，还能让他们掌握聚氨酯成型的工艺。

可是这个方案是不符合常理的。让高田公司制造盖板对他们公司有好处，但对一直给我们制造盖板的厂商来说，相当于被抢了生意。

图 22 – 1　安全气囊的盖板

通过聚氨酯挤压成型生产而成。

负责生产盖板在内的方向盘所有部件的是 TS Tech 公司（当时叫东京 Seat）。笔者只好去 TS Tech 公司，拼命地低头道歉。我甚至还跪下来说："我知道这么做太不符合常理了，非常抱歉！可是高田公司说他们不做了，我也没有其他办法，请贵公司帮帮忙把盖板部分让出来吧。当然，方向盘还是会拜托给贵公司制造。"我拼命地求他们说："我只能找高田公司了。如果高田公司不回心转意，那我这 15 年就都白费了。"

我的请求不仅是拜托 TS Tech 公司把盖板部分让给高田公司做。高田公司没有处理聚氨酯的经验，他们做不了盖板。所以我还要请求 TS Tech 公司给高田公司进行相关的生产技术指导。从 TS Tech 公司的角度来看，他们要把自己长年摸索并积累下来的聚氨酯成型的工艺教给高田公司。我跪着继续求他们说："还要请贵公司做技术指导。"

最终 TS Tech 公司接受了我的请求。后来高田公司一边给我们私下制作安全气囊的试制品，一边接受 TS Tech 公司的指导，学习制造盖板的工艺。

突然收到高田社长的电话

过了一段时间,有一天高田社长直接打电话给我说:"小林,我想与你见一面。你到彦根(滋贺县彦根市)来一趟吧。"说完他就挂了电话。我的血一下子冲到了大脑,心里第一个念头就是:"难不成被他发现了!"看来我只能向高田社长下跪,求他不要停止制造安全气囊的试制品。我在心里有所准备之后,去了彦根。

我到了车站,发现附近停着一辆黑色的汽车。高田社长在车上向我挥手喊:"小林,上车。"我上了车之后他一句话都没有说。我也觉得这个场合不适合搭腔,所以就沉默着。他把车开得很快,但我并不知道他要开到哪里。

车停的时候我们已经到了高田公司的彦根工厂。高田社长指着一幢全新的建筑物说:"这是我们新建的。"我问:"是什么啊?"高田社长若无其事的说:"是安全气囊的工厂。"

具体详情我虽然不了解,但我觉得高田社长应该是知道了负责安全气囊的科长在做试制品,还有想做盖板成型的事儿,之后他不得不默许了。而且高田公司在美国也有很强的信息收集网络,可能他当时已经知道了美国车辆安全法规的方向已经有所变化了。当时美国有关部门已经在讨论要制定一个法规,规定在售的汽车一定要搭载安全气囊或者被动式安全带[①]。我猜高田社长从这个趋势推断安全气囊今后普及的可能性很高。

安全气囊成了高田公司的主力业务

之后安全气囊的量产走上了正轨,笔者强烈建议高田公司不仅要制作气囊和盖板,还应该掌握包括气体发生器和传感器等安全气囊整体系统的

---

① Passive seat belt,坐上汽车之后就会自动装上的安全带。被动式安全带有很多种类。例如方向盘在左侧的汽车,在驾驶席车窗的前侧上部和驾驶席座位的右侧连接有安全带,汽车开动后,车窗的前侧上部的安全带连接处会通过车窗上方的滑沟,向驾驶员的后方移动,这样就自动的给驾驶员戴上了安全带。为了符合上文介绍的规定,被动式安全带从 20 世纪 90 年代开始在美国推广,但随着安全气囊价格的不断降低,现在基本上没有汽车会安装被动式安全带了。

设计和制造技术。实际上高田公司确实也朝着笔者建议的方向发展了下去,现在他们不但生产驾驶席和副驾驶席的安全气囊,而且已经开始生产侧面气囊和帘式侧面头部安全气囊了。另外,虽然和笔者没有直接联系,高田公司在 2005 年 9 月和本田共同开发了世界上第一个摩托车用安全气囊(图 22-2)。

创新带来的全新产品和技术会促使企业飞跃式的成长。我们把安全气囊与防抱死系统(Anti-lock Braking System,ABS)比较一下就更清楚了。ABS 在提高汽车安全性方面发挥了很大的作用,但 ABS 算不上是全新的产品,它最多也就能算作是刹车系统的进化。制造 ABS 的厂商也是制造刹车系统的厂商。

图 22-2　世界上第一个摩托车用的安全气囊打开的状态

该气囊是在 2005 年 9 月开发的。现在搭载在排量为 1.8L 的本田金翼①的一部分车型上。

但是安全气囊是完全全新的产品,在本田大量生产安全气囊之前,是不存在真正的安全气囊厂商的。最开始参与气囊和盖板制作的高田公司成为了安全气囊系统的制造商,在高田公司最近的 2012 年 3 月的财年里,安全气囊系统业务已经为该公司创造了 1670 亿日元的收入,占到该公司总收入 3827

---

①GOLD WING,摩托车名。——译者注

亿日元的 43.6%，大大超过了占 28.7% 的安全带业务（1099 亿日元）。当然他们的合作伙伴不仅仅是本田，他们现在和世界上的主要汽车厂商都有合作。其他参与本田的安全气囊开发的零件和材料供应商，就算没有高田公司这么典型，也大多从安全气囊事业中有所收获。

第23章 哲学和思想

> 创新需要决不放弃的强悍内心。
>
> 创新产生于某一方面，却可以提高整体的价值。
>
> 创新需要无法动摇的原点，本田的创新原点就是"三个喜悦"和"互相尊重"。

调动他人的巨大力量

在这一章里，我想与大家共同探讨一下安全气囊的开发为什么能够成功。我觉得是因为安全气囊开发的过程中有把创新导向成功的本质。

首先，是绝对不放弃。大家可能经常会听人说：不放弃就必须要有强悍的内心，可是人很难练就强悍的内心。更何况安全气囊的开发从开始到1987年的量产经历了16年的时间，真是一段漫长的岁月。回过头来看，其实就是15年完全没有成果。在这15年里要一直保持坚强，要不断在心里想我一定要把安全气囊推向实用化，是不容易的。况且技术开发越长时间没有进展，就越容易出现各种危机。

前面笔者也介绍了发生过的几个危机。例如为了在美国进行实车搭载试验，笔者去说服美国的本田汽车公司的老总是雨宫高一（本田后来的副社长）的事儿，还有重要的零件厂商说他们要从安全气囊的开发项目里撤出来，等等。但这些危机并不是只发生在开发或者量产等转折点上，而是时时处处都会发生。笔者还有接到过一拍脑袋命令中止开发的指示。

"马上停下来！"

事情发生在1982—1983年，是本田的汽车研发中心（栃木县）的前身刚成立的时候。我们刚搬到栃木县不久后的一天，常务董事兼栃木研发部门的负责人把我叫过去说安全气囊开发的事儿。当时安全气囊项目的主管是一位董事，他还有很多别的工作，所以安全气囊项目主管的很多工作都是笔者代管的。

他一副指手画脚的样子说："小林，你负责的安全气囊，太危险了，我不能把这么危险的零件推向市场，这个项目你马上停下来吧。"这是研发部门负责人的指示，我只能遵从。虽然他的指示非常突然又毫无道理，我还是很冷静地回答说："您既然都这么说了，我会考虑终止这个项目。不过"老爷子"

有时会来看看情况，久米是志社长也很关注这个项目的进展。久米社长那边能拜托您去说一下吗？"

结果他回答说："啊，我不能去说，你去说吧。"我心想他真是个混蛋，他根本不敢告诉久米社长他要中止安全气囊开发而且还下了指示的事情，因为久米社长是在认真地考虑安全气囊的实用化，要是中途跟他说中止项目，肯定会激怒他。最后，那个负责人再也没提过要中止安全气囊开发的事儿。

猫不理的第六研究所

安全气囊当时的项目主管也只看得到项目的风险。有一天他在安全气囊的开发团队全员面前说："只要我还活着一天，就不会让安全气囊那么危险的东西推向市场。"可能他终于说出自己的真心话了。不过按理来说，项目主管是不能否定自己的项目的。团队成员听了他的话之后脸上的悲伤表情，我一直也忘不了。我们团队的士气一落千丈，队伍都散了。

笔者当时又一遍一遍地对他说："世界上每年有10万人、每天有将近300人因为交通事故而死亡，有了安全气囊就可以挽救很多生命""马上就会有一半的'思域'汽车搭载安全气囊的。"这两句话还是很有分量的，尤其第二句很有效果。最开始大家都还觉得我是在说笑，但我没有放弃，继续说了好几遍，渐渐大家也开始觉得我说得很对，脸上的阴霾也散去了许多。当时我最重要的工作就是给包括自己在内的整个团队加油鼓劲儿，士气要占到工作的95%左右。

不仅栃木研发部门的负责人和项目主管这样，当时安全气囊在公司内部的评价也很不好，大家都觉得为了将来有必要研究安全技术，但它的优先级别很低（不过"老爷子"和久米社长是例外，他们非常关心安全技术的研究）。负责安全技术的是本田技术研究所的第六研究室，但是研究所的大多数人对此完全不关心。经常有人问我："六研是做什么的？"有些说话刻薄的人形容六研是一条臭鱼，连经过的猫儿都不理会，还起名叫"猫不理的六研"。

研发安全气囊和开发新车不同

对于冲撞时保护驾驶员的安全气囊，当时大家都觉得没什么太大的价值。开车的人也是这么想的。有些人毫无根据地深信自己不会引发交通事故，甚至连安全带也不用。而且可以实现安全气囊实用化的技术难度非常大。这项技术的可靠性已经超过了航天飞机，需要达到长期载人空间站的标准（图23-1）。在这种现实情况下，如果把安全气囊项目和其他普通的技术开发项目（例如新车开发项目）同样管理的话，结果想都不用想，一定是中止开发。实际上在我们把安全气囊推向市场的时候，几乎所有的汽车厂商都已经中止了安全气囊的开发项目。

在这里笔者想与大家一起回忆一下第2章中介绍过的内容：创新不是产生在正态分布的中央部分，而是产生于边缘部分（请参考图2-1）。笔者为了让大家理解起来更容易一些，把公司业务分成"执行"和"创新"两类。

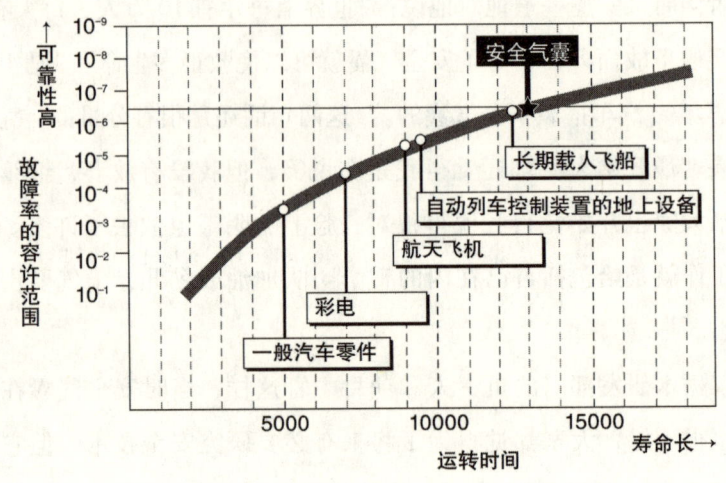

图23-1　各种系统的故障率容许范围

上图以故障率的容许范围为纵轴、以运转时间为横轴，展示了两者之间的关系。实际上我们预测的安全气囊的运转时间是当时汽车的平均寿命年数，即15.6年。在上述运转时间内，安全气囊实现了故障率低于一百万分之一。

"执行"占公司所有业务的95%以上，是从理论上探求正确答案，它不仅包括像"计算员工薪酬"这种典型的固定的业务，还包括汽车的全面改良和相关的技术开发、生产线的改善活动等。"执行"的特征是非常明确应该做什么，关键是怎样高效的完成工作"执行"需要的能力是分析和理论。

相反，"创新"的工作无法从理论上探求正确答案，而是在混沌中进行挑战。要实现新的价值就需要让技术飞跃到一个未知的领域。而且从现有的价值观来看，新价值在边缘位置，大部分人还都没有意识到。实际上几乎所有人都没有意识到安全气囊开发项目的价值，他们只是看到了安全气囊的风险。

深思更要熟虑

能够在这种状况下促使技术开发走向成功的，只有意念。"执行"工作要充分做好事前调查，分析状况，经过理论性的思考之后解决问题。而挑战未知领域的"创新"不一样，它本来就没有可参考的信息，所以用不上分析和理论性的思考。而且"创新"的成功率一般就百分之几，最高也就20%。也就是说平常挑战10次有9次都会失败。"执行"的业务可以以月或者周为单位来管理推进状况，而"创新"根本不知道什么时候才能抓住飞跃的契机，所以根本无法详细的管理推进状况，只能基于意念和热情等人性的原理来推进项目。

这两者之间的区别太大了，所以大家都知道不能用"执行"的尺度来评价"创新"，但这种情况还是会经常发生。在本田，研究（Research）和开发（Development）是被分开来考虑的，研究用"创新"的尺度来评价，开发用"执行"的尺度来评价。创新的项目不知道什么时候才能成功，而且90%都会失败。用"执行"的尺度来评价创新项目的话，创新项目就都会被叫停。那么让顾客惊喜的新价值也就无从产生了。在一定的时期里企业还可以依靠过去的遗产存活，但到混不下去的时候也就是企业寿终正寝的时候了。

但是评价创新的尺度——负责人的意念是很难评价的。意念有时会落空，有时也会弄错了方向。为了不出现意念落空或者弄错方向的情况，本田会通过向上司汇报并一起讨论的过程，让负责人积蓄深思熟虑的能力，找到寻找正确方向的办法。这部分内容笔者已经在第 15 章 "第三代社长久米的魔力 40 分钟"中介绍过，简而言之，就是上司通过问负责人各种各样的问题来考察负责人的意念和深思熟虑的程度。

哲学的力量

还有另外一个非常重要的因素，就是哲学。在第 4 章中我提到过，每次有人问我创新最重要的是什么，我都会回答说是"哲学"，结果几乎所有人听了之后都会一脸诧异地看着我。我还引用过"老爷子"的话："没有哲学的行动（技术）是凶器，没有行动（技术）的理念是没有价值的"。

本田的哲学不是哲学家常说的那些难懂的话，而是存在于技术人员身边的原理。具体来说就是"三个喜悦"和"互相尊重"（自律、信赖、平等）。内容虽然很简单，但含义却很深远。

三个喜悦是 1951 年 12 月被"老爷子"当作社训在公司内部报纸上提出的，即"制造的喜悦、销售的喜悦、购买的喜悦"。三个喜悦当中，"老爷子"认为最重要的是顾客的喜悦——"购买的喜悦"。因为他把顾客放在最重要的位置。而且"购买的喜悦"正体现了"老爷子"日常的行事准则——"为社会、为他人"。

本田的哲学是如何把安全气囊的开发引向成功的呢？前面我也介绍过，有好几次我都好像已经走到了悬崖边上，觉得项目已经不行了、完蛋了，不过就在要掉下悬崖的时候又渡过了难关。这是因为运气好吗？我确实也觉得自己运气挺好的，但运气可无法解释我是如何渡过难关的。

在几乎所有出席者都反对的经营会议上，决定安全气囊实行量产的是久米社长。确信没有必要却还同意让我们在美国做安全气囊的实车搭载试验的是雨宫先生。还有下岛先生，他已经宣告了中止开发，而且以他的权限来说可以真正中止这个项目，却被笔者的意志打动了，把开发继续做了下去。还有在周围的人都不看好的情况下依旧与我共同奋斗的开发团队的成员。经历了各种曲折、最终还是与我们合作的各家供应商。只靠运气，我是肯定无法渡过那些难关的。

这里还有本田哲学的作用。每次在危急时刻，笔者都会反复地说："很多因为交通事故死亡的人的生命，安全气囊都可以挽救。"这种意念就是本田哲学。这种意念也引起了灵魂中有本田哲学的人们的共鸣，激励着他们前进。

哲学和以哲学为基础的意念有驱动他人的巨大力量。这种力量汇聚在一起，把安全气囊推向了实用化。哲学和意念，是牵引创新走向成功的关键中的关键。

第24章

挑战创新

就算不是天才也能实现创新

问：在前面的章节里，您从多个角度介绍了牵引着创新走向成功的方法、进行技术开发要做的心理准备、处理开发过程中遇到的问题的方法等。在这一章里，我们想直接问问小林先生的想法。您觉得日本企业现在的状况怎么样？在开发的现场有掀起创新风潮的热情吗？

答：好像不怎么好。我和很多企业的年轻人聊过，所以很了解。他们都说最近公司完全没生产什么新产品。日本企业必须要把不畏失败、挑战具有创造性的商品和技术的文化再找回来。如果找不回来的话，日本企业就会一直走衰退的道路。没有了创造新事物的气概，企业和国家都会濒临毁灭。

问：原因是什么呢？

答：经营层要负很大的责任。日本在"二战"之后能够迅速成长都是因为大家能一起努力创造新事物。大家对日本产品的评价是品质好、价格低，其实日本企业的强项不仅仅是这些。本田一个接一个推出了很多独特的技术和商品，从 CVCC（复合涡流控制式燃烧）发动机开始，到 VTEC（可变气门正时和气门升程电子控制系统）、"飞度"① 汽车燃油箱的中置油箱布局技术、仿人机器人"ASHIMO"、喷气式飞机等。索尼和佳能也一样。

但是现在怎么样呢？现在也有一些好产品出来，但没有让人觉得很惊喜的产品。

这最大的原因就是对创新的理解还不够，这一点是很致命的，最终就是大家都从创新领域撤了出来。经营者现在最关心的就是怎么在新兴国家的市场销售自己的商品。还发号施令说如果贵的商品卖不出去就制造便宜的来卖。技术人员很少有时间从事新技术的开发，他们把更多的时间都花在优化流程、提高效率等改善方面。当然不能说这么做不对。向新兴国家的顾客提供满足他们需求的商品是制造商的职责。不过，我要说的是："真的只要这样做就可以吗？"

---

①Fit，车名。——译者注

你已经不再挑战新技术了吗

问：小林先生，您强调过好几次"执行"和"创新"是有区别的。是不是说现在 Innovation 做得不够呢？

答：已经谈不上不够了。这一点很重要，所以我才会重复地说。企业的业务分为"执行"和"创新"两部分。"执行"需要基于数据进行分析和理论性的思考来建立详尽的计划，之后按照计划推进。而且"执行"追求的是100%的成功率。最终成功率会达到95%~98%，所以是不允许失败的。例如汽车的全面改良、生产工程的刷新，新兴国家市场的开拓，都是典型的"执行"业务。"执行"占公司所有业务的95%左右，直接关系到今天和明天的收益。

相反，"创新"是从零开始开发全新的商品和技术，只占公司所有业务的5%左右。谁都没做过，当然没有数据可循。所以分析和理论发挥不了作用。而且"创新"项目9成以上都会失败。但是，在这不到1成的成功创新中，孕育着影响到未来成长的种子。

问：目前，商品和技术开发的现场都在做什么呢？

答：公司是一个组织，组织会高度评价提高公司收益的人，所以出身于"执行"、能在短时间内提高公司收益的人占到公司董事的一大半。于是，成功率为100%就成了判断的基准。所以他们认为成功率在10%以下的创新领域的技术开发效率太低，就别做了。这样，创新也就会被中止。现在日本企业的收支都不宽裕，所以对创新的投入会最先被砍掉。

"执行"和"创新"虽然在本质上完全不同，"执行"中也包含着"创新"的要素，"创新"中也包含着"执行"的要素。所以有很多"执行"出身的董事都觉得自己很理解"创新"，认为创新效率低、不应去做，他们也会坚持这一想法，并下达这样的命令。从事创新的技术人员最好要对这种状况心中有数。另外，"执行"和"创新"的成功率相差甚远，方法也完全不一样，从事创新的技术人员应该让反对的人知道这个事实。

在业绩不好的时候，要把投入到创新的经营资源减少3%也是不得已的。但绝对不能减少到零。因为创新一旦停下来，想再恢复是非常困难的。但是看看现在的很多企业，纯粹投入到创新上的经营资源基本为零。

不要强硬推行经营的价值观

问：您说本田是把"执行"和"创新"区分开来，用不同的尺度来评价的。评价方式具体来说有什么不同呢？

答：完全不同。在第15章主管和上司的眼力中介绍过我给久米是志社长（当时担任本田的专务董事、后来成为了第三代社长）作汇报的事情。在安全气囊开发初期阶段的报告会上，久米专务突然问我："汽车安全的基本要素是什么？"笔者回答了三个要素，可是久米专务看穿了笔者底气不足，于是又接着问："第四点是什么呢？"笔者呆站着什么都说不出来了。结果久米专务又追问："第五点是什么呢？"之后他又接二连三地问："这三点，是在同一层次上吗？""这三个要素是完全独立的现象吗？"最后久米专务很不高兴地说："你对安全还是一无所知。"

这件事是一个很典型的展示创新评价标准的例子。像这样从各种各样的角度，有时还要从抽象的角度来提问，就是对创新进行评价的方法。

相反，在"执行"领域，例如在生产线更新的报告会上，问题的内容会完全不同。他们对数据的要求非常严格，会根据与竞争对手的比较、期望的成果等数据来详细考查每一件事。还会被问到平均制造时间、直行率①、主要业务的时间比例等具体项目的定量的改善程度。绝对不会被问到像层次或者独立现象这些抽象的问题。数据分析和理论性的思考才是武器，而且还要不断的积累数据和经验。由此可见，"创新"和"执行"的评价尺度是完全不一样的。

问：创新应该从哪里入手比较好呢？

---

①直行率：指全体工程生产出来的产品最终良品率，也就是一次性良品率，没有经过修理或者另外加工的产品的合格率。——译者注

挑战创新

答：本来创新就是对未知领域的挑战。这意味着创新时没有过去的数据，也就无法进行分析。甚至不知道应该从何开始，所以理论性的思考也不能被当作武器来用。那我们应该拿什么做武器呢？

大家可能很失望，不过我们就是要这样不断重复地彻底思考。思考从最初的突破口到达最终的目标（想要实现的价值）的方法、锁定为此所需要的技术、如何开发这些技术，需要考虑的事情有一大堆。

只有不断地深思熟虑，把这些课题一个接一个的攻破，才能成功创新。另外，攻破课题的突破口是创意。创意是什么？只要想想史蒂夫·乔布斯做的事情就明白了。他把前所未有的电脑推向市场，让普通人也能用上只有国家和大企业的研究所才有的电脑。现在看来好像是理所当然的，但其实扩展用户能力的个人电脑绝对是划时代的创意。

众所周知，乔布斯不仅推出了个人电脑，还推出了随时都能购买音乐、随时都能听音乐的"iPod"和"iTunes"、智能手机"iPhone"、平板电脑"iPad"。它们都是在非常棒的创意下产生的产品。乔布斯是创意的天才。

先创意，后技术

问：创意这个词会让人觉得很模糊。它具体是什么意思呢？

答：我把创意定义为："基于顾客的价值观、从独特的角度捕捉到的事物的本质。"要从独特的角度捕捉到让顾客觉得惊喜的价值，并把价值具体化。

另外，最重要的是"事物的本质"。因为说到底，创意就是事物的本质。在前面说到的那次报告会上，久米专务说的最后一句话是："你对安全还是一无所知"，这句话的意思是：你完全没有找到安全的创意（也就是安全的本质）。

创意不仅对创新来说很重要，它对汽车的全面改良等商品开发也非常重要。我和很多新车开发的负责人都讨论过，几乎所有人都认为：只要有好的创意，一定会创造出好的商品和技术。创意在先，商品和技术随后就会跟着来了。

前面书中也介绍了一个典型的例子，就是第五代"思域"的创意——桑巴。桑巴是巴西具有代表性的音乐和舞蹈。一般人很难把桑巴和汽车联系在一起。但是开发团队一边想象着桑巴舞蹈，一边设计着充满跃动感的汽车，制造了非常机敏的操纵系统。销售部门也是一边想象着桑巴舞蹈，一边思考广告宣传的策略。

创意不是个死板的题目，它是一个很有用的基准，同样可以用来判断具体实物的优劣。假设仪表板的设计方案有两个。一个技术上很难实现，成本也很高，但是很有跃动感。另一个技术上很容易实现，成本也低，但是没什么出彩的地方。在这种情况下，只要依照桑巴的创意做判断，就会毫不犹豫的选择前者了。在开发的过程中要做无数次这样的判断，但只要创意很明确，判断就不会有误。

"思域"发售时它的商品说明和广告上完全没有桑巴的字样，但是车体设计和行驶的感觉都留有桑巴的味道，就是那种欢乐和激动的感觉。这种感觉拨动了顾客的心弦，第五代"思域"因此大获成功。

安全气囊的创意和"思域"的创意完全处于不同的"次元"。安全气囊的创意是：技术的故障可以用技术来解决。对安全气囊的开发项目，大家都非常担心发生爆炸或者不启动的情况。我认为这两种情况都属于技术的故障，既然是技术的故障那就可以用技术来解决。对明白的人来说这个创意非常好理解，所以很轻松就通过了。

培养理论性的思维有助于创新

问：怎样才能找准创意呢？有一些需要注意的基本点吗？

答：创意就是用简洁的语言表达项目的本质。而且创意不在理论的范围内，所以没有找准创意的指南。

桑巴的创意也不是理论性的思考得出的结果，我们也无法从理论上证明"技术的故障可以用技术来解决"这个创意是正确的。但是我们有一种信念，就是技术的故障一定可以用某些技术的手段来解决。在本田，把这种信念和意志、热情、兴奋的心情、混沌的状态等融合在一起的情绪叫作"意念"。我觉得本田所说的"意念"和史蒂夫·乔布斯所坚持的"热情"基本上是同样的意思。有意念和热情的人，和单纯听上司的指示并很有效完成指示的人，哪一种在挑战创新时成功率更高是显而易见的。

更有趣、更独特

问：我一直以为创意是天才突然想出来的好点子。

答：确实需要一些感觉，但不是只有天才才行。在后面我会介绍本田把普通人锻炼得也能找准创意的方法，现在我想先说说日本人的弱点。因为只有掌握了弱点才能采取相应的对策。我们的弱点是对创意的重要要素"Unique"很生疏。

在第14章中我说过，在思考创意的时候用大和语言思考更容易理出头绪。有一次我想用英语说"谦恭"这个词，于是就查了一下电子词典，结果出来的竟然是"small"。在英语里没有和"谦恭"相对应的词。同样，在大和语言里也没有和"Unique"相对应的词。

人们一般会认为"Unique"就是"奇怪"，但是"奇怪"有点儿贬义。不同的是，"Unique"给人一种非常好的、积极的印象。所以用"奇怪"来表述还不到位。更准确的说法可能是"无与比肩"，但是这个词是汉语，不是大和语言。这说明我们对"Unique"的概念很生疏，如果不特别注意，我们很少从"Unique"的角度来思考。

问：那我们应该怎么克服自己在"Unique"方面的弱点呢？

答：与其说是对策，我觉得这更是个习惯养成的问题。例如我年轻的时候，本田技术研究所里有很多奇怪的习惯。科长一级的主管带着年轻人去喝酒时，一定会问年轻人："最近你在街上遇到过什么有趣儿的事儿吗？"如果回答的都是些没有意思的事儿，慢慢的科长就不会邀请你出去了。有时为了不错过特级寿司和天妇罗，甚至还有鳗鱼，我会拼命地搜罗有趣儿的事儿。

问：搜罗有趣儿的事儿有什么好处吗？

答：当你真心去搜罗有趣儿的事儿的时候，对"有趣儿"的敏感度会慢慢提高。而且找出"有趣儿"的能力也会慢慢提高。这里说的"有趣儿"和"Unique"重叠的部分非常多。

后来我才知道，这个习惯的形成也是受"老爷子"的影响。"老爷子"在和董事去吃饭的时候问董事："喂，最近，你在街上有没有遇到过什么有趣儿的事儿？"于是下次董事和主任研究员还有经理一起吃饭的时候，董事又会问他们："喂，最近，你在街上有没有遇到过什么有趣儿的事儿？"所以研究院的所有人都拼命去找有趣儿的事儿。

普通人也能胜天才

问：搜罗有趣儿的事儿与找准创意有什么关系呢？

答：这两件事在养成习惯和培养敏感度、感觉方面是相同的。现在我们回头介绍一下不是天才的普通人提炼创意的方法。

图24-1是我在第4章中介绍过的本田流派的创新概略图。"吵嚷大会"、"三现主义"、"绝对价值"等很多都对找准创意有直接的加速作用。也就是说，本田企业文化和行事准则加速了找准创意的过程，提高了创新的成功率。这些企业文化和行事准则很多都是在"老爷子"远离技术第一线的时期，久米社长等直接接受"老爷子"教诲的那一代本田人为了继承本田的特色而想出来的。具体内容有"吵嚷大会""A00""三现主义"等。"老爷子"是天才，普通人模仿不了他。所以普通人只好聚集起来，才能和天才比肩。

最典型的就是吵嚷大会。本田的吵嚷大会不是一般的头脑风暴，会议成员要在公司外面住三天三夜，绞尽脑汁进行讨论。开发安全气囊的过程中，在决定开发的大方向的时候，还有确定创意的时候一定会举行吵嚷大会，算起来平均每年要开四次左右。

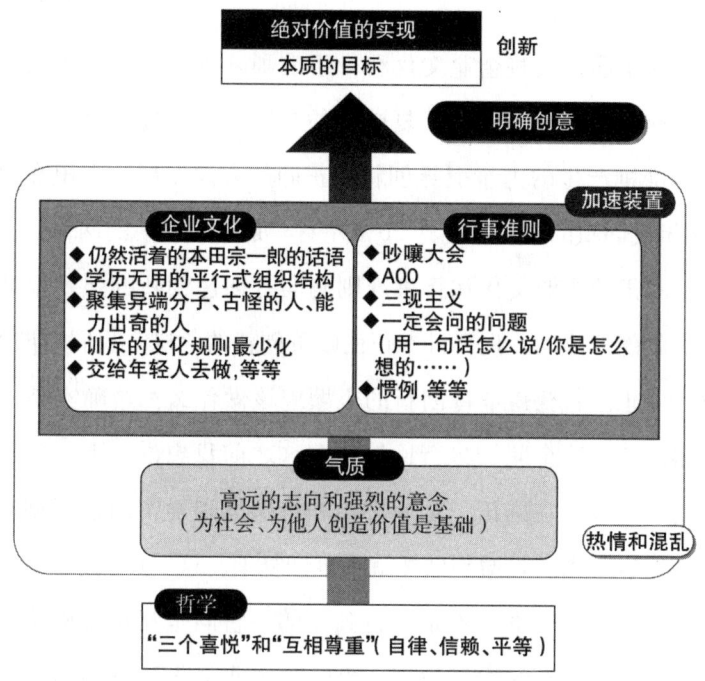

图 24-1 本田流派的创新概略图

本田创新的基础是"哲学",技术人员的"气质""企业文化""行事准则"带来了热情和混乱,共同推进创新向前发展。换个角度来看,本田的企业文化和行事准则都为确立创意做出了很大贡献。

吵嚷大会是本田第一代副社长藤泽武夫出的点子,是从久米社长开始实施的。重复地召开吵嚷大会,员工捕捉创意的洞察力会越来越强,还可以磨炼感觉。我开发安全气囊的时期,在本田技术研究所要参加20次吵嚷大会才能升级为白带,参加40次才能成为黑带。我也被命令:"你要取得引领讨论的黑带!"为了战胜天才,我只好组队来对抗了。

而"三现主义"和吵嚷大会是完全不同的方法,它对确立创意也能起到很大的作用。三现即"现场""现物"、"现实"。对三现主义比较普遍的解释是:"在现场,看到现物,从现实出发做出对应"。但本田的三现主义里面还隐藏着"本质"这个关键词。笔者认为本田的三现主义是:"通过了解现场、现物、现实,来掌握本质"。创意就是事物的本质,所以大家应该能理解在捕捉创意时三现主义有多么重要了吧。进一步来说,"绝对价值"就是基于创意的具体目标。

本田就是通过这些企业文化和行事准则来洞穿本质、找到创意，进而提高创新的成功率的。在进行反复试验的时候，也不能光靠运气，要用企业文化和行事准则产生的力量引导创新向正确的方向发展。本田在 20 世纪 80 年代到 90 年代创新的成功率高达 20% 左右，是一般水平的两倍。

问：本田的企业文化和行事准则确实有加速创新的强劲推动力，但不是一朝一夕就能形成的。现在日本正面临着创新的危机，我们应该怎么做呢？

答：要想重新获得孕育创新的土壤应该做什么？这确实是一个很大的问题。我稍后会对这个问题进行回答。在这之前我想说一下，孕育创新的地基很容易就会消失。在本田，企业文化和行事准则确实加速了创新，但这些企业文化和行事准则一旦遭到破坏就很难恢复了，这一点大家一定要铭记于心。

企业文化和行事准则不是各自独立的，它们是互相有机相连的。即便在很短的时期内对创新的投资为零，也会对企业文化和行事准则产生决定性的影响，最差的情况就是要必须从头开始再次建立。由于各个因素是相关的，所以再建没有那么容易。例如，没有"自律、平等、信赖"，"吵嚷大会"就无法顺利的进行，只是恢复了"吵嚷大会"没什么用。这样想来，现在的日本企业的创新危机已经非常非常严重了。

问：您的意思是说：日本企业创新能力的降低，根源已经很深了，是吗？

答：对。社长发挥自己的领导力从事创新活动，是恢复创新的捷径。但现在几乎没有哪个领导理解创新的本质。

在这本书里，我以本田为例，探寻了加速创新的企业文化和行事准则是怎样形成的。我觉得在一定意义上来说，这是个奇迹。

首先，本田有想法独特又有强大领导力的"老爷子"这位天才。当时本田还是个小工厂，"老爷子"当然认识每一位员工，他经常满怀激情的跟员工们说梦想和理想，还有工作的方法等。在工作过程中他会突然问你："本田存在的价值是什么？"如果你没有好好考虑就说出了答案，他马上就会发怒，有时还会气得打人。在那种浓厚的气氛中，就算不愿意，也不得不慢慢接受

"老爷子"的想法。

"老爷子"直接培养出来的这些弟子们在本田成长、壮大的过程中都走上了领导岗位,并把他们从"老爷子"那里学到的东西又教给了下属。"老爷子"说过的好多话也被继承了下来,例如"如果我说让你去死,你就真的去死吗""你可真是个幸运的技术人员啊""你用一句话说是什么""你有500亿的价值"等。

但是组织的规模一旦超过1万人,这种方法就行不通了。

问: 是因为沟通的形式变了吗?

答: 公司变大到1万人,就不可能认识每个人了。脸和名字能对上号的也就100~150人。不知道名字但看着脸熟的人最多也就1000人左右。超过这个数字,看着脸都不知道是不是我们公司的人。在本田有"老爷子"直接培养出来的弟子,就算超过了1000人也可以共享本田的哲学,不过还是有限的。

本田第二代社长河岛喜好已经发现了这个问题。河岛社长在本田的国内员工达到1万人,包括国外在内的所有员工达到4万~5万人时说:"要从上层开始改革整个本田是不可能的,所以我不会这么做。"取而代之,他认为只能按科室、部门,也就是以每个人都认识的组织为单位来推进变革。

以整个公司为对象太大了,没办法制定具体的细节。还不如先从科室来变革,只要科室能不断推新的东西出来就行了。一旦有了成果,其他科室也会觉得:"真厉害!我们也得跟他们学。"这样就会形成了一种风潮,不久整个公司都会开始发生变化了。

问: 有很多人都指出,本田应该引进以MBA为代表的现代管理系统,建立和国际化大企业相符的体制。从这种观点来看,您刚才提到的改革理论是不是太抽象了?本田有本田宗一郎那样的天才,还有被充分锻炼过的员工担任公司各个部门的主管,他们共同组成了支撑本田的组织架构。这确实是个奇迹。但比起依靠奇迹的管理系统,是不是现代的管理系统更能加固本田的组织架构,更能引导本田走向进一步的成长呢?

答：持这种观点的人确实很多。

但是现在我们讨论的是创新。引进 MBA 那些现代管理系统的企业有成功推出让世界震惊的创新吗？MBA 重视实用性和实例，它在"执行"领域能够发挥非常好的效果，但是它很难和企业的核心——哲学联系在一起。从 MBA 的理论是想不出来"三个喜悦"和"互相尊重"的，而且在创新的过程中，这些哲学和意念是非常重要的。本田在"执行"的领域也很重视数据，会仔细、认真地分析数据的。

明确规则，反映到书面上，基于这些书面规定有效率的经营。这种经营手法乍一看可能是很合理的，但它无法传达不能落实到纸面的东西，比如意念和热情。这种经营手法明确了"如何去做"（How to），但无法传达对于创新来说非常重要的"创造什么"（What）和"想要基于什么理念去创造"（Why）。"老爷子"会瞪大了眼睛看着你，抓着你的肩膀一边摇动着一边非常认真、诚恳地跟你说话，有时他还会热泪盈眶。他毫不掩饰自己的想法，并会一股脑儿地说给你听，意念就是这样感染人的。

现在我回到你刚才提出的问题。在创新危机的时刻，我们应该做什么？我想强调的是，在应对危机的时候，一定要以开发团队为单位，从头到尾进行彻底地变革。你只能在理解了创新的本质之后，再去说服上司和经营层，还要以团队为单位做出成果。只是一味地抱怨"上司不给力"，毫无意义。在公司和上司不理解的情况下坚持挑战创新是一条非常难走的路，但这条路绝对不是行不通的。如果你不去挑战，创新只会止步不前。

（采访者是日经制造编辑部编辑）

后　记

"二战"后，日本企业最先开始模仿欧美企业的产品，并以更低的价格销售，进而成长了起来。但之后日本企业接连的推出了震惊世界的、创新性的商品和技术。这些创新成为了日本发展的原动力，1989年，日本超过了当时的苏联，跃居为GDP世界排名第二的国家。

很多国外的企业经营者对此都感觉非常不可思议：资源那么少，又那么小的国家，是怎么成就如此辉煌的发展的呢？但可悲的是，美国的高盛集团预测2050年日本的GDP将会降到世界第八位。日本将来只能成为世界三流、四流的国家。

有些话我要对企业的董事和社长说。你们的企业今年取得的业绩不是现在的社长和董事努力的成果，而是10~15年前的社长和董事努力的成果。所以现在的社长和董事应该考虑的是为了10~15年之后的发展，应该投资什么。"执行"相关的提高质量等短期的课题就交给年轻人去做吧，你们应该从长期的角度来考虑需要制造些什么新东西。把创新付诸于实践才应该是经营层最重要的工作。"创新"占公司总业务的5%，但经营层的头脑必须要有50%以上使用在创新领域和培育未来成长的种子上。不这么做，企业就没有未来，日本也就没有未来。历史已经证明了：不进行创新的国家和企业一定会衰退。什么新东西都不推进的经营层只是在把前辈留下来的遗产消耗殆尽。另外，你们要认识到，过了40岁的人就没有什么创新能力和判断创新的能力了，所以希望你们能认真地思考怎样做才能发挥年轻人的力量去推进新事物，就算年轻人做错了，也希望你们不要阻止他们去创新。

我还有些话要说给不到40岁的年轻人、企业的中坚力量。创新只有你们能做到。希望你们趁着年轻不断、不懈地去挑战，成功实现创新。你想挑战创新时，过了40岁的内行和长辈可能会阻挠你。他们可能会无所不知似地说："你现在做的事儿过去我做过，你这个理由说不过去。"对前辈无理是不可以的，遇到这种情况你装作听不着就行了，但心里要想："正因为是你做，所以才做不到呢。我一定要做到给你看。"反过来，不能这样想的人也肩负不起日本的未来。日本是一个资源很少的国家，食品和石油之类的能源也必须从国外进口。我们必须提供有创新性的商品、技术和服务，出口给外国，让外国人喜欢我们的商品、技术和服务，来赚取外汇，不然我们的子孙是无法得到幸福的。

而且创新也会赢得全世界人民的尊敬。本田宗一郎和美国苹果公司的史蒂夫·乔布斯都得到了全世界的尊重。希望你们能挑战创新、成功实现创新，让全世界尊敬日本，让我们的子孙后代得到幸福。我相信这是日本年轻人应该做的事。

最后，在总结本书之际，我想感谢多次给我进行本质性指导、给我很多鼓舞和启示的一桥大学名誉教授野中郁次郎先生。我还要谢谢日经制造出版社副主编高田宪一先生对我的巨大帮助。本书的内容原来只是我在大学授课时的讲义笔记，高田先生在本书整体的构成、各章的内容、总结方法和表达等各方面给了我很多帮助和建议。如果说我的能力是什么，那就是我能找到这样的专家来帮助我。

希望这本书能对今后创新的推进起到一点点作用，笔者也期待日本企业能更好地发展，日本能够继续被世界所尊敬。就此搁笔，但梦想不停……

小林三郎

2012年6月

翻译后记

对译者而言，一本富有阅读价值的外版图书是可遇而不可求的。《本田创新的精髓》是中国经济出版社与我合作翻译的第一本书。试译时看到标题中的"创新"二字，首先联想到的是那些空洞的创新口号和高深的创新理论，但拿到原书开始翻译后，书中的内容与我之前的想象大不相同，因为这本书中的内容无疑是作者经过长时间努力思考之后，从实践中提炼出的精华。不要以为工科背景的人不善言辞表达，小林三郎先生在书中将自己在本田公司数十年中参与过的创新活动和盘托出，娓娓道来，却又毫不拖沓、可谓言之有物，让人有身临本田研究所之感。

作为本书的译者，我想借此后记分享一下自己对这本书的感性认识。本田的创始人——本田宗一郎说过"没有哲学的技术是凶器"，而我们几乎每天面对的问题食品、雾霾天气等难道不正是这些"凶器"带来的恶果，我们是否也在不经意之中制造出各种各样的"凶器"呢？第6章作者提问"爱是什么"，一群搞技术的大男人怎么每天还把"爱"挂在嘴边？在以"爱是什么"为主题的吵嚷大会上，作者也觉得一群男人用一天时间来讨论"爱是什么"，实在令人尴尬，终于在讨论结束之时，有人找到了"爱车""爱犬"这个突破口，明确了能够加"爱"的都是和人感情很深的事物，只有能打动顾客，让顾客产生共鸣的产品，才能让顾客真正喜爱。最后，译者觉得，如果在本田做技术工作，就一定会被问到："用一句话来说明你是怎么想的？"扪心自问，写过多少冗长的总结和报告，却没有一句肺腑之言，更没有自己的想法。如果每天都接受本田公司"吵嚷大会"这样的训练，是不是也能让思考更富逻辑性，让思想更加有力呢？

读书是作者和读者的对话，其实何尝不是读者自己和自己的对话呢？限于译者本人的见识，我只能问自己上面这样的问题。在中文版即将出版之际，能够起到"桥梁"的作用，我的心情还是很激动的。他山之石，可以攻玉。希望各位读者能在本书中得到更多的启发，在创新之路上走的更远。

　　最后要感谢促成这次合作的中国经济出版社编辑张博，以及协助翻译的黄桥、黄成皎、滕玉英、甘丽娜、任喆、孟小晶。译文舛误难免，概由译者负责，敬请批评指正。

张　宁
2014 年 7 月 14 日